beck'sche reihe

bsr

Karate, Geisha, Harakiri und *Kimono* – diese Wörter kennt jeder, der der deutschen Sprache mächtig ist. Aber wer weiß, was eine *Batsu*, eine *Hara* oder ein *Sumotori* ist? In diesem Buch sind die rund 500 Wörter zusammengestellt, die im Verlauf des 20. Jahrhunderts aus dem Japanischen entlehnt wurden und Eingang in deutsche Wörterbücher gefunden haben. Sie werden nach ihren Wortbestandteilen erklärt und in ihrer sprachlichen und kulturgeschichtlichen Bedeutung erläutert. Ob Sportarten wie *Judo* oder *Aikido*, Speisen wie *Tofu* oder *Sushi*, Kunstformen wie *Kabuki* oder *Manga* – sie alle sind hier versammelt.

Barbara Haschke hat Ostasienwissenschaften und Ethnologie studiert und ist seit vielen Jahren als Übersetzerin, Trainerin und Beraterin im interkulturellen Bereich tätig.

Gothild Thomas ist Japanologin und Lehrbeauftragte der Universität Essen-Duisburg.

Barbara Haschke | Gothild Thomas

Kleines Lexikon deutscher Wörter japanischer Herkunft

Von Aikido bis Zen

Verlag C. H. Beck

Originalausgabe

Gesamtherstellung: Druckerei C. H. Beck, Nördlingen
Umschlagentwurf: + malsy, Willich
Umschlagabbildung: © + malsy, Willich
Printed in Germany
ISBN 978 3 406 56813 8

www.beck.de

Einleitung

Fremdwörter in der deutschen Sprache

In dem großen Wortschatz der deutschen Sprache gibt es eine Reihe von Wörtern, die ursprünglich aus anderen Sprachen übernommen worden sind. Diese Fremdwörter sind zu einem unverzichtbaren Teil unserer Sprache geworden. Viele von ihnen bezeichnen Dinge, für die es keine eigenen deutschen Ausdrücke gibt. Andere Begriffe werden als Modewörter verwendet oder sind nur in bestimmten Sprechergruppen gebräuchlich.

Fremdwörter sind keine neue Erscheinung. Zu allen Zeiten wurde die Sprache erweitert, mit neuen Gegenständen oder Ideen entstanden auch neue Wörter und Ausdrücke. Einige von ihnen gerieten wieder in Vergessenheit, während andere bis heute erhalten geblieben sind. Der Anteil der Fremdwörter am gesamten Wortschatz hat sich dabei im Lauf der Zeit kaum verändert, da die Anzahl der Wörter, die neu aufgenommen werden und diejenigen, die aus der Mode kommen und damit aus den Wörterbüchern verschwinden, sich in etwa die Waage halten. Viele Fremdwörter haben sich im Lauf der Zeit so stark an die deutsche Sprache angepasst, dass sie für die meisten Sprecher nicht mehr als Fremdwörter erkennbar sind.

Es ist daher schwer zu sagen, wie viele Fremdwörter in der deutschen Sprache existieren. Schätzungen gehen bei einem gesamten Vokabular von ca. 500 000 Wörtern von einem absoluten Fremdwortanteil von ca. 100 000 Wörtern aus. In einem normalen Zeitungstext beträgt ihr Anteil etwa 8–9 Prozent. Anders als befürchtet hat der Fremdwortanteil im Deutschen in den letzten Jahrzehnten auch kaum zugenommen, da fast genau so viele Wörter wieder aus der Mode kommen wie hinzu gefügt werden.

Ursprungssprachen unserer Fremdwörter

Mit Abstand die meisten dieser Fremdwörter stammen aus dem Lateinischen, dem Englischen und dem Französischen. Neben diesen Wortgruppen gibt es allerdings auch eine große Zahl an Wörtern, die aus anderen Sprachen zu uns gekommen sind. Der Fremdwörter-Duden enthält Einträge aus weit über 100 verschiedenen Sprachen. Darunter sind neben zahlreichen europäischen Sprachen auch Exoten wie beispielsweise Arabisch oder Malaiisch vertreten.

Auch aus dem Japanischen haben wir Wörter in unsere Sprache übernommen. Mit 0,3 Prozent der Einträge im Duden-Fremdwörterbuch gehört das Japanische zwar zu den weniger stark vertretenen Sprachen, und viele Deutsche sind nicht in der Lage, spontan ein im Deutschen verwendetes japanisches Wort zu nennen. Dennoch würden sie viele der als japanischen Ursprungs aufgeführten Wörter, beispielsweise Rikscha oder Bonsai, erkennen und verwenden können. Insgesamt sind in unseren Wörterbüchern etwa 500 Wörter japanischen Ursprungs enthalten.

Dabei unterscheiden sich die japanischen Fremdwörter in verschiedenen Aspekten von denen, die aus anderen Sprachen gekommen sind. Im Gegensatz zu Sprachen wie dem Englischen oder Französischen, mit denen ein reger Austausch besteht, sind die Wörter japanischen Ursprungs größtenteils innerhalb eines relativ kurzen Zeitraumes in die deutsche Sprache gelangt. Zudem sind sie meist direkt, ohne Umwege über andere Sprachen, von uns übernommen worden.

Die Tatsache, dass sich die japanische Sprache grundlegend von der deutschen unterscheidet, macht es schwierig, japanische Wörter vollständig in unsere Sprache aufzunehmen. Wörter aus verwandten Sprachen werden häufig schnell assimiliert und wie ein deutsches Wort verwendet (z. B. «downloaden»). Bei japanischen Wörtern macht dieser Prozeß Schwierigkeiten, weshalb die meisten japanischen Fremdwörter im Deutschen sich seit ihrer Aufnahme kaum verändert haben.

Die Fremdwörter japanischer Herkunft

Die Zahl von 500 Fremdwörtern japanischer Herkunft, die in deutschen Fremdwörterbüchern enthalten sind, mag gering erscheinen; Fremdwörter aus dem Chinesischen sind jedoch noch viel seltener. Von ihnen gibt es kaum 50. Ginseng, Kotau, Taifun, Yin und Yang dürften die bekanntesten unter ihnen sein. Unter den japanischen sind die wohl am besten bekannten Fremdwörter Bonsai, Geisha, Harakiri, Kamikaze, Karate, Kimono, Samurai und Sushi.

Die Fremdwörter japanischer Herkunft unterscheiden sich durch einige Besonderheiten von allen anderen Fremdwörtern. Betrachten wir zunächst die Gemeinsamkeiten dieser Gruppe von Fremdwörtern, bevor wir ihre linguistischen Eigenheiten beschreiben.

Der Weg in unsere Sprache

Neben den ursprünglich zahlreich vorhandenen Fremdwörtern lateinischen und griechischen Ursprungs gab es immer wieder Zuströme aus anderen Sprachen, aus dem Arabischen etwa oder aus dem Französischen. Seit der Mitte des zwanzigsten Jahrhunderts kommen die Neuzugänge in deutschen Fremdwörterbüchern in erster Linie aus dem Englischen. Der Anteil der japanischen Fremdwörter am Gesamtbestand ist zwar verschwindend gering, aber gerade diese Gruppe bietet interessante linguistische und kulturelle Einblicke.

Die Wörter, die aus dem Japanischen zu uns gekommen sind, fallen in verschiedener Hinsicht aus dem übrigen Wortbestand heraus. Während andere Wörter oft einen weiten Weg über mehrere andere Sprachen genommen haben, bevor sie ins Deutsche kamen, und deshalb schon manche Eigenheiten anderer Sprachen aufgenommen hatten, sind die japanischen Fremdwörter mit ganz wenigen Ausnahmen auf direktem Weg in einem genau abgrenzbaren Zeitraum, nämlich im Verlauf des 20. Jahrhunderts, ins Deutsche gekommen. Waren um die Wende vom 19. zum 20. Jahrhundert ganze fünf Wörter aus dem Japanischen im Duden-Wörterbuch enthalten, so waren es um die nächste Jahrhundertwende bereits etwa 350, und ergänzt man sie um den Bestand anderer Wörterbücher, kommt man auf über 500 Wörter japanischer Herkunft.

Da sich Japan für etwa 250 Jahre, zwischen 1600 und 1853, weitgehend gegen ausländische Einflüsse abgeschlossen hatte, war der Kontakt zwischen Japan und den westlichen Kulturen sehr begrenzt. In dieser Zeit war ein Austausch zwischen Deutschland und Japan – und damit ein Übergehen von Wörtern von der einen in die andere Sprache – so gut wie unmöglich. Mit der Öffnung Japans und der Errichtung eines modernen Staates 1868 begannen erste Kontakte, die dann im Lauf des 20. Jahrhunderts verstärkt wurden.

Vor dieser Zeit hatte das Deutsche nur ganz wenige japanische Wörter aufgenommen. Das Wort Gingko oder Ginkgo, das in den Schriften von Goethe eine Rolle spielt, war bekannt. Das Wort Bonze, aus dem japanischen Wort bôzu, buddhistischer Mönch, war im 16. Jahrhundert von portugiesischen Missionaren nach Europa gebracht worden. Aus Südostasien übernahm das Deutsche das Wort Soja. Die Wörter Japan und Nippon waren zwar auch bekannt, aber sie sind nicht ursprünglich japanisch, sondern stammen aus dem Chinesischen.

Das Wort Bonze ist insofern eine Ausnahme, weil es im Gegensatz zu den meisten japanischen Wörtern nicht direkt aus dem Japanischen ins Deutsche kam, sondern auf einem Umweg über verschiedene europäische Sprachen: über Portugiesisch, Spanisch und Französisch kam es zu uns und hat sich sowohl in seiner Gestalt als auch in seiner Bedeutung auf diesem Weg bereits verändert, bevor es bei uns aufgenommen wurde. Auch das Wort Tycoon (taikun) ist einen Umweg gegangen und hatte sich in seiner Schreibweise und Bedeutung bereits dem amerikanischen Englisch angepasst. Das Wort Soja hatte den Weg über Südostasien und das Niederländische genommen.

Um 1900 kamen dann vereinzelt weitere Wörter hinzu, das Wort Geescha oder Geisha beispielsweise, oder Mikado, das damals ausschließlich als Bezeichnung für den japanischen Kaiser gebraucht wurde. Dass es gerade das Wort Geisha so früh geschafft hat, in die deutschen Wörterbücher aufgenommen zu werden, liegt an einer damals sehr populären Operette dieses Namens von Gilbert und Sullivan, in deren Handlung eine Geisha im Mittelpunkt steht.

Das Fremdwörterbuch von Heyse enthält in seiner Ausgabe von 1901 die Wörter Aucuba, Bonze, Geisha, Japan, Mikado, Nipon und Soja. Bei der Personenbezeichnung ist im Heyse noch «der Japanese» und «der Japane» angegeben, obwohl auch «der Japaner» schon zur Auswahl angeboten wird. Der Duden von 1926 (noch nicht getrennt in Rechtschreibung und Fremdwörter) enthält bereits 14 Wörter japanischer Herkunft.

Danach nahm die Zahl der Fremdwörter japanischer Herkunft stetig zu. Nach dem II. Weltkrieg ging der Bestand in West- und Ostdeutschland auseinander. Das Duden-Fremdwörterbuch (West) von 1983 enthält rund 115 japanischstämmige Wörter, verschiedene Fremdwörterbücher (Ost) enthalten um diese Zeit rund 90, die sich aber nur zu einem geringen Teil mit dem Bestand in westlichen Wörterbüchern decken. Um die nächste Jahrhundertwende sind dann im großen Fremdwörterbuch des Duden, vereinigte Ausgabe von Ost und West, bereits etwa 350 Wörter aus dem Japanischen enthalten.

Welche Wörter werden aufgenommen?

Dem Sprachkontakt geht immer ein Kulturkontakt voraus. Bevor ein neues Fremdwort in ein deutsches Fremdwörterbuch aufgenommen wird, haben sich die Deutschen mit dem Gegenstand oder dem Gedanken, den das Wort bezeichnet, bereits lange beschäftigt. Die Wörter kommen zusammen mit dem Wissen.

Wir alle wussten, was ein Kimono, ein Futon, ein Sushi ist, lange bevor die Wörterbücher davon Kenntnis genommen haben. Unsere Kinder spielten mit Pokemon und Tamagotchi oder lasen

Mangas, die noch in keinem unserer Fremdwörterbücher erschienen waren. Erst durch den Gebrauch ist das Interesse gewachsen, ein solches Wort auch im Wörterbuch nachzuschlagen.

Erst wenn ein Wort sowohl mündlich als auch schriftlich im Gebrauch ist, kann es in ein Wörterbuch aufgenommen werden. Denn woher bekommen die Produzenten von Wörterbüchern ihre Stichwörter? Sie sammeln Belege, also Texte, in denen ein noch unbekanntes Wort vorkommt, und erst wenn ausreichend belegbar ist, wie das Wort in Texten gebraucht wird, kann es im Wörterbuch erscheinen.

Inhaltlich bezeichnet ein Wort, das in eine andere Sprache aufgenommen wird, eine Sache, die vorher so nicht bekannt war, denn sonst wäre bereits ein Wort vorhanden, das diese Bedeutung umfasst. Dabei kann die Abweichung von den vorhandenen Wörtern minimal sein. Beispielsweise weicht die Bedeutung von Katana nur geringfügig von der des deutschen Wortes Schwert ab. Aber diese Abweichung ist so wesentlich, dass das japanische Wort akzeptiert wird.

Andererseits kann ein neues Wort eine Bedeutung umfassen, die in der aufnehmenden Sprache überhaupt nicht fassbar war: neue Erfindungen zum Beispiel wie die Rikscha oder das Tamagotchi. Solche Wörter erkennt man daran, dass sie im deutschen Wörterbuch mit einer umfangreichen Erklärung beschrieben werden müssen. Die Inhaltsangabe zu Tamagotchi umfasst im Duden einen gegliederten Satz mit 23 Wörtern, das Stichwort Rikscha wird mit 21 Wörtern erklärt.

Linguistische Voraussetzungen

Um in ein deutsches Fremdwörterbuch aufgenommen zu werden, muss ein Wort bestimmte linguistische Voraussetzungen erfüllen. Denn wenn es in Texten gebraucht werden soll, muss es wie ein deutsches Wort eingefügt werden können. Je unterschiedlicher die beiden sprachlichen Systeme der Herkunftssprache und der aufnehmenden Sprache sind, um so komplizierter gestaltet sich die Aufnahme. Wir kennen das Problem beispielsweise von der Zuordnung eines Geschlechts zu Wörtern, die aus dem Englischen übernommen werden. Englische Substantive haben kein grammatisches Geschlecht. Heißt es der, die oder das E-Mail? Warum ist eine E-Mail im Deutschen weiblich? Auch bei der Schreibweise der englischen Fremdwörter kommt es zu Unklarheiten. Schreibt man recykeln oder recyceln?

Bei den Wörtern aus dem Japanischen ergeben sich viele Schwierigkeiten durch die Verschiedenheiten der beiden Systeme. Das Japanische kennt weder Geschlecht noch Plural, weder einen Artikel noch eine Endung, um die vier Fälle anzuzeigen. So müssen bei der Aufnahme ins Deutsche ungewöhnliche Wege beschritten werden.

Wortarten

Im Prinzip kann jede Wortart in eine andere Sprache übernommen werden, wie wir an den neueren Fremdwörtern aus dem Englischen gut erkennen können. Cool, recyceln, «in», Public Viewing etc. zeigen, dass auf die Wortart wenig Rücksicht genommen wird, wenn ein Wort aus einer in eine andere Sprache wechselt.

Die Fremdwörter aus dem Japanischen sind in dieser Hinsicht ziemlich problemlos. Sie sind fast ausnahmslos Substantive. Manchmal ist nicht ganz eindeutig, ob es sich um ein Substantiv handelt, wie beispielsweise bei Hajime, was als «Aufforderung, mit dem Kampf zu beginnen» erklärt wird. Im Japanischen kann hajime sowohl eine Verbform als auch ein Substantiv sein.

Unklar ist in dieser Hinsicht nur das Wort banzai oder bansai, das schon vor dem Zweiten Weltkrieg ins Deutsche gekommen ist. Es wird laut Duden mit kleinem Anfangsbuchstaben geschrieben. Erklärt wird es als «lebe hoch!» Demnach wäre es eine Verbform. Aber im Japanischen wird es als Substantiv verstanden. Ban ist die Zahl zehntausend, und zai bzw. sai das Alter, das Lebensalter. Zehntausend Jahre (alt). Kimura, das japanisch-deutsche Wörterbuch, schreibt als Erklärung für banzai: das Banzai, das Hurrageschrei.

Grammatisches Geschlecht: der, die oder das Obi?

Im Japanischen gibt es kein grammatisches Geschlecht. Die japanischen Wörter müssen also mit einem Geschlecht versehen werden. Das geschieht durch den Gebrauch. Die Wörterbuch-Hersteller suchen Belegstellen in Texten, nach denen sie sich richten. Allerdings sind bei vielen der japanischen Wörter die Sprachbenutzer noch unentschlossen, welches Geschlecht am besten passt, und so erscheint manchmal das gleiche Wort in verschiedenen Texten mit unterschiedlichem Geschlecht.

Katakana (eine bestimmte Art der Silbenschrift) beispielsweise wird sowohl sächlich (das Katakana) als auch weiblich (die Katakana) gebraucht, ebenso Hiragana, die zweite gebräuchliche Silbenschrift. Im Wörterbuch erscheint dann: Katakana, das, oder die; Hiragana, das, oder die. In gleicher Weise ist das Geschlecht von Kakemono, das oder der; Netsuke, die oder das; Obi, der oder das; noch offen gelassen. Auch das Wort Manga erscheint im Duden sowohl maskulin als auch im Neutrum: der oder das Manga. Unter den Fremdwörtern japanischer Herkunft sind viele, deren Geschlecht noch nicht sicher feststeht.

Genitiv: des Samurais?

Außer dem grammatischen Geschlecht wird im Duden der Genitiv angegeben, damit das Wort in Texten gebraucht werden kann. Im Japanischen werden die Fälle durch nachgestellte Partikel gebildet, im Deutschen dagegen durch eine Endung. Bei femininen Substantiven fehlt diese Genitiv-endung. Bei maskulinen oder sächlichen Wörtern ist durchaus nicht eindeutig, auf welche Art der Genitiv gebildet wird. Im Deutschen wird da fast immer eine Endung –s angehängt. Aber bei Fremdwörtern? Wie heißt der Genitiv von Samurai? Der Samurai, des Samurais oder des Samurai? Bei den meisten der japanischen Fremdwörtern zeigen die Wörterbücher eine gewisse Unsicherheit und geben zwei Möglichkeiten zur Genitivbildung an, indem sie die Endung –s in Klammern setzen. Samurai der; -[s].

Plural: Die Sojen und die Harakiris

Ähnlich ist es mit dem Plural. Man sollte meinen, dass in allen Sprachen eine Pluralform existiert, aber das Japanische kommt ohne Pluralformen aus. In den europäischen Sprachen wird für den Plural, wie im Englischen, gewöhnlich die Endung -s angefügt. Das gilt auch für die meisten Fremdwörter im Deutschen. Der Futon, die Futons. Auch für das Wort Harakiri gibt der Duden einen Plural an: das Harakiri, die Harakiris. Da fragt man sich: Kann es überhaupt einen Plural von Harakiri geben? Machten die 47 Samurai Harakiri, oder machten 47 Samurais 47 Harakiris?

Aber bei der Pluralbildung gibt es Ausnahmen. Der Schogun, die Schoguns? Oder die Schogune? Hier gibt der Duden nur den Plural mit der Endung –e an, die Schogune, und bei dem Wort Soja heißt der Plural Sojen. Das Wort Ken andererseits, sächlich und mit der Bedeutungsangabe Verwaltungsbezirk, wird im Duden sowohl im Genitiv als auch im Plural ohne Endung verzeichnet.

Rechtschreibung: Fudschijama oder Fujiyama?

Bei der Rechtschreibung der Fremdwörter japanischer Herkunft sind die Schwierigkeiten vergleichsweise gering. Die international übliche Umschrift, japanisch Hebonshiki genannt, wird in den meisten Fällen beibehalten.

Am Anfang des 20. Jahrhunderts, als noch wenige Deutsche Fremdsprachen beherrschten, wurden einige Wörter «eingedeutscht», wie beispielsweise Fudschijama, das im Duden Universalwörterbuch bis heute in dieser Schreibweise enthalten ist, sowie Schogun, Schintoismus, Dschiu-Dschitsu, Dschodo, Tschanoju und andere. Daneben wird heute in den meisten Fällen auch die international übliche Schreibweise verzeichnet. Allerdings steht die Bedeutungsangabe meist noch bei den eingedeutschten Formen, bei der «modernen» Schreibweise aber nur ein Verweis.

Dadurch wird für die meisten Wörterbuchbenutzer ein zusätzlicher Nachschlagevorgang notwendig.

Das Wort Geisha erschien vor hundert Jahren noch als Geescha. aber schon 1906 wurde die Schreibweise Geisha ebenfalls angegeben. Heute findet man unter Geescha keinen Eintrag mehr.

Aussprache: Kamikasse oder Kamikatze?

Im Anschluss an die grammatischen Formen gibt der Duden nur in Zweifelsfällen die Aussprache an. Während es bei den japanischen Fremdwörtern wenig Probleme in Bezug auf die Rechtschreibung gibt, bereitet die Aussprache oft große Unsicherheit. Im Deutschen unterscheiden wir beispielsweise nicht zwischen der Schreibweise eines «scharfen» (stimmlosen) und eines «weichen» (stimmhaften) s. Bei uns gilt die Regel, dass ein s am Anfang einer Silbe stimmhaft gesprochen wird, am Ende dagegen stimmlos.

In der internationalen Umschrift (japanisch: Hebonshiki) der japanischen Wörter dagegen wird wie im Englischen das stimmhafte s mit dem Buchstaben z wiedergegeben. In dem Wort Kamikaze beispielsweise wird das z wie ein stimmhaftes s gesprochen. Aber viele Deutsche, die diese Regel nicht kennen, sprechen es gemäß den deutschen Regeln aus wie «Kamikatze».

Würde man aber das stimmhafte s «eindeutschen» und einfach ein s schreiben, würden es andere wieder mit Recht wie «Kamikasse» aussprechen, gemäß der Regel, dass in der internationalen Umschrift der s-Laut immer stimmlos gesprochen wird. Im Fall von Kamikaze gibt der Duden in seinen verschiedenen Ausgaben überhaupt keine Aussprachehilfe zum s-Laut an, sondern beschränkt sich auf das Betonungszeichen unter dem dritten Vokal.

Längung der Vokale

Eine weitere Schwierigkeit liegt in der Länge von Vokalen, die im Deutschen nicht immer schriftlich fixiert wird. Zwar gibt es verschiedene Möglichkeiten, eine Längung anzuzeigen, wie in Naht oder Saat, aber sie werden durchaus nicht konsequent verwendet. Ob das a in Bad oder Rad beispielsweise kurz oder lang gesprochen wird, geht aus der Schreibweise nicht hervor. Im Japanischen wird im Fall von langen Vokalen ein Doppelvokal geschrieben.

Diese Unterscheidung fällt weg, wenn diese Wörter nach der Hebonshiki-Transkription in lateinische Buchstaben übertragen werden. Beispielsweise kann man an der Schreibweise Karoshi oder Ronin nicht mehr erkennen, dass die Wörter im Japanischen einen langen -o-Vokal hatten. In Texten behilft man sich oft, indem ein Accent Circonflex (das kleine Dach über dem Vokal) gesetzt wird: Tôkyô. Aber nach den deutschen Regeln gibt es diese Schreibweise nicht. Auch eine Verdoppelung des Vokals ist bei den japanischen Fremdwörtern nicht üblich. So ist bei vielen Wörtern japanischer Herkunft unklar, ob ein Vokal kurz oder lang ist. Bei Kimono zum Beispiel sprechen viele ein langes o, obwohl der Vokal im Japanischen kurz ist.

Betonung

Auch die Betonung ist eine Hürde bei der Verwendung von Fremdwörtern japanischer Herkunft. Im Deutschen liegt die Betonung gewöhnlich auf der vorletzten Silbe. Das Japanische dagegen kommt fast ohne Betonung aus. Alle Silben stehen gleichgewichtig nebeneinander. Bei dem Wort Sushi gibt es keine Schwierigkeit mit der Betonung, aber das Wort Kimono wird von manchen Deutschen auf der ersten, von anderen auf der zweiten Silbe betont. Der Duden läßt beide Varianten gelten. Dabei wird oft auch der Vokal lang gesprochen: «Kimôno», aber im Japanischen ist der Vokal kurz und unbetont.

Bedeutung

Die meisten der japanischen Fremdwörter bezeichnen Gegenstände oder Konzepte der traditionellen japanischen Kultur, obwohl sie erst in neuerer Zeit ins Deutsche gekommen sind. Das kommt daher, dass viele landestypische Kulturgüter nach Deutschland gebracht wurden, die bei uns bis dahin unbekannt waren. Für diese Gegenstände, die hier bald als wertvolle Antiquitäten gehandelt wurden, fanden sich in der deutschen Sprache keine Bezeichnungen. So brachte man mit diesen Gegenständen zusammen deren japanische Namen mit. Typische Beispiele dafür sind Netsuke, Surimono und Kogo. Auch die typischen Rollbilder, Makimono und Kakemono, kamen zusammen mit ihren japanischen Bezeichnungen.

Nicht nur um Gegenstände ging es dabei, sondern vor allem auch um Vorstellungen und gedankliche Konzepte. Der zahlenmäßig größte Anteil der Fremdwörter aus dem Japanischen gehört im weiteren Sinn in den Bereich der Religion. Beispiele hierfür sind Daibutsu, Shinto und Zen.

Weitere Sachgebiete, aus denen wir viele Wörter aus dem Japanischen aufgenommen haben, sind Sport (Karate, Judo, Ninja), Theater (No-Spiel, Kabuki), Musik (Koto, Samisen) und Tanz (Butoh), die Welt der Samurai (Daimyo, Harakiri), Pflanzen und Tiere (Ginko, Sikahirsch), Speisen (Sushi, Tofu) und Getränke (Sake) sowie Fachwörter aus der Wirtschaft (Kaizen, Karoshi).

Bedeutungsverschiebung

Bei den meisten Fremdwörtern japanischer Herkunft ist die Bedeutung auf dem Weg ins Deutsche unverändert geblieben. Nur in einigen Fällen läßt sich eine Abweichung vom japanischen Original erkennen. Dabei muss man sich bewusst machen, dass eine solche Bedeutungsverschiebung oft ein sehr zeitintensiver Vorgang ist, der bei vielen der japanischen Fremdwörter noch nicht abgeschlossen ist.

Je länger ein solches Wort unterwegs war und je mehr Sprachen es durchlaufen hat, bevor es ins Deutsche aufgenommen wurde, um so weiter weicht die Bedeutung gewöhnlich vom japanischen Original ab. Das können wir besonders beobachten bei den Wörtern Bonze und Tycoon, die ja zuvor im Portugiesischen bzw. im amerikanischen Englisch zu Hause waren. Das Wort Bonze, im Japanischen bôzu, buddhistischer Mönch oder Priester, hat sich gänzlich aus seinem religiösen Umfeld gelöst. Im Deutschen versteht man unter Bonze einen Funktionär oder einen Menschen, der seine Macht missbraucht. Der Tycoon, im Japanischen taikun, eine Bezeichnung für den Shogun, den weltlichen Herrscher, hat sich im amerikanischen Umfeld dahingehend gewandelt, dass die mächtigen Bosse der Wirtschaft damit erfasst werden. Es ist nicht verwunderlich, dass gerade diese Wörter auch in ihrer Schreibweise weit vom Original abweichen.

Eine besondere Stellung hat das Wort Kimono, das schon zum Anfang des 20. Jahrhunderts über das Englische ins Deutsche kam. Kimono bezeichnet im Deutschen nach wie vor das traditionelle Kleidungsstück der Japanerinnen. Aber es ist eine neue Bedeutung hinzugekommen. Als Kimono wird im Deutschen auch ein Kleidungsstück in einem bestimmten Schnitt bezeichnet, beispielsweise ein Bademantel oder ein Negligé. Das zeigt sich auch in Zusammensetzungen wie Kimonoschnitt oder Kimonobluse.

Japaner benutzen das Wort Kimono in diesem Sinn überhaupt nicht, denn für sie ist ein Kimono schlicht ein Kleidungsstück. Allerdings hat sich die Bedeutung von Kimono seit dem Eindringen der westlichen Kultur insofern auch für die Japaner verschoben, als sie heute nur noch das traditionelle Kleidungsstück als Kimono bezeichnen, nicht aber Kleidung nach westlichem Zuschnitt. Die Bedeutung ist also eingeschränkt und zugleich präzisiert worden.

Bedeutungsverschiebungen ergeben sich auch bei fast allen Benennungen von Gegenständen, die im Deutschen zu dem Bereich Antiquitäten gehören. Das Wort Netsuke beispielsweise gilt in

Japan als veraltet. In Deutschland enthält es Konnotationen wie kostbar, Kunstwerk, teures Sammelobjekt. In Japan war es in der Zeit, als die Männer noch vorwiegend Kimono und Geta trugen, eher ein schön gestalteter Gebrauchsgegenstand.

«Echte» und «unechte» Komposita

Manche der japanischen Fremdwörter kommen als Komposita zu uns. Kamakura-Jidai ist die Kamakura-Periode, d. h. die Regierungszeit, in der Kamakura Regierungssitz war. Genji-Monogatari ist die Erzählung vom Prinzen Genji. Solche Komposita-Bildungen kennen wir aus dem Deutschen, sie sind nicht ungewöhnlich.

Gelegentlich kommen aber auch Komposita vor, die aus einem japanischen und einem deutschen Element bestehen: die Shingon-Sekte zum Beispiel, der Bonsaibaum und das Bonfest. Wie in rein deutschen Komposita werden hier zwei Bedeutungen miteinander verknüpft. Der vorangestellte Teil moderiert das Grundwort: bei der Shingon-Sekte handelt es sich um eine Sekte, die durch den Namen Shingon näher bestimmt wird. Fast immer ist dabei das deutsche Element das Grundwort, das durch das japanische näher bestimmt wird. Aber der umgekehrte Fall ist auch möglich: der Sommerkimono ist ein Kimono, der im Sommer getragen wird. Hier ist das deutsche Wort Sommer eine nähere Bestimmung zu dem Grundwort Kimono.

Auffällig sind dagegen solche Komposita, bei denen ein deutsches Wort von einem japanischen Element näher bestimmt wird, dessen Bedeutung sich mit dem deutschen Wort größtenteils oder gar vollständig deckt. Beispiele dafür sind Shiitakepilz und Sikahirsch. Das japanische Wort Shiitake ist in sich ein Kompositum aus shii und take. Dieses zweite Element take bedeutet Pilz. Es handelt sich also um einen Shii-Pilz. Fügt man nun das deutsche Element Pilz an, so ergibt sich eine Verdoppelung der Bedeutung Pilz: ein Shii-Pilz-Pilz.

Hier handelt es sich also um ein unechtes Kompositum, weil das Grundwort nicht durch ein vorgestelltes Element näher erklärt wird, sondern die Bedeutung des Grundwortes in dem moderierenden Element bereits enthalten war. Ähnlich ist es mit dem Kompositum Sikahirsch, denn sika ist das japanische Wort für Hirsch, also ein Hirschhirsch.

Übersetzer von Belletristik nutzen dieses Mittel der unechten Komposita relativ häufig, um Fußnoten und umständliche Erklärungen zu vermeiden. Da wird ein kotatsu zum Kotatsu-Stövchen, geta werden zu Geta-Sandalen, und die tatami werden als Tatami-Matten übersetzt. In die Wörterbücher sind diese Komposita jedoch nicht eingegangen.

Bekanntheitsgrad

Nicht alle Fremdwörter aus dem Japanischen sind den Deutschen gleichermaßen bekannt. Viele von ihnen sind Fachwörter, wie beispielsweise die vielen Bezeichnungen des Sports, von denen einige wenige sehr bekannt sind, während andere nur von aktiven Sportlern und Funktionären gebraucht werden.

In den neunziger Jahren waren nach einer Umfrage die bekanntesten Wörter japanischer Herkunft Karate, gefolgt von Kimono, Mikado und Bonsaibaum. Am Ende der Skala standen Wörter wie Kabuki, Samisen, Bonfest, Hokku und Kakemono.

Allerdings muss dabei der Zeitbezug berücksichtigt werden. Mit Aufkommen der Manga- und Anime-Welle in Deutschland wären diese Wörter vermutlich unter den meistbekannten gewesen, und im Jahr 2005 hätte sicherlich das Wort Tsunami die Liste der bekanntesten Wörter japanischer Herkunft angeführt.

Das Wort Karate erfreut sich nicht nur in Deutschland einer hohen Bekanntheit. Auch in anderen Sprachen ist es das am ehesten erkannte Fremdwort aus dem Japanischen. Es wird in Russland, Südamerika und China häufig verwendet, aber auch in den arabischen Staaten, wo Fremdwörter aus Japan nur extrem selten gebraucht werden.

Nicht alle bekannten japanischen Wörter sind auch in den Wörterbüchern zu finden. Beispielsweise kennt fast jeder Deutsche das Wort Sayonara. Aber in keinem der von uns untersuchten Wörterbücher ist dieses Wort enthalten. Als in den sechziger Jahren die Möbelindustrie intensiv für den Futon warb, war auch dieses Wort in keinem Wörterbuch zu finden. Erst in der Ausgabe von 1990 nahmen die Wörterbücher davon Kenntnis.

Ausblick: Das nächste Jahrhundert

Auch in Zukunft werden weiterhin Wörter vom Japanischen ins Deutsche gelangen.

Es ist ziemlich sicher, dass das Wort Sudoku Eingang in die deutschen Wörterbücher finden wird, da dieses Rätsel aufgrund seiner hohen Popularität jetzt schon in aller Munde ist und in zahlreichen Zeitungen und Magazinen abgedruckt wird. Wenn sich das japanische Essen in Zukunft weiterhin so großer Beliebtheit erfreut wie heute, könnten auch aus diesem Bereich neue Wörter in unsere Sprache kommen wie beispielsweise Ramen, japanische Nudeln, oder Wakame, eine Art von Seetang, die zum Kochen verwendet wird. Auch das Wort Inemuri, der Büroschlaf, ist in jüngster Zeit in verschiedenen Zeitungsartikeln erwähnt und diskutiert worden, so dass es ebenfalls ein Neuzugang werden könnte.

Es ist allerdings nicht damit zu rechnen, dass die Aufnahme japanischer Wörter in der Weise zunimmt wie das im 20. Jahrhundert der Fall war. Zum einen waren die zunehmenden Kontakte mit Japan um die vorige Jahrhundertwende ein Grund für Europäer und Amerikaner, sich mit diesem bis dahin weitgehend unbekannten Land und seinen Menschen zu beschäftigen. Dazu kam der wirtschaftliche Aufstieg Japans, der das Interesse der ganzen Welt auf dieses kleine Land lenkte. Die Vorbildfunktion, die die Wirtschaft Japans in der zweiten Hälfte des Jahrhunderts hatte, trug dazu bei, das Interesse wach zu halten.

Heute spricht einiges dafür, dass sich das weltweite Interesse auf wirtschaftlichem Gebiet eher China zuwenden wird. Ob das allerdings dazu führt, dass chinesische Wörter ins Deutsche Eingang finden, ist zu bezweifeln. Vielmehr ist zu erwarten, dass verstärkt türkische Elemente, die trotz des relativ großen Bevölkerungsanteils bisher kaum registriert wurden, sich deutlicher bemerkbar machen werden.

Die japanischen Wörter werden allerdings ihren Platz in der deutschen Sprache behaupten. Denn Mangas, Sushi und Kamikaze-Fahrer wird es auch in Zukunft geben, und die Deutschen werden sich sicher keine neuen Wörter für sie einfallen lassen.

Siglen

Nachschlagewerke seit 1965

DF = Duden Fremdwörterbuch 2001
DGF = Duden Das große Fremdwörterbuch 2000
DUW = Duden Deutsches Universalwörterbuch 2001
FL = Fremdwörterbuch Leipzig 1965
GFL = Großes Fremdwörterbuch Leipzig 1985
Hey = J. C. A. Heyse's Fremdwörterbuch 1901
Br 1928–1934 = Brockhaus 20-bändige Ausgabe 1928–1934
Br = Brockhaus aktuell
Ki = Kimura
Sch = Schinzinger

Hinweise zur Aussprache japanischer Wörter:

Bei den in die deutsche Sprache integrierten japanischen Fremdwörtern erlauben die Wörterbücher in der Regel die Aussprache und Betonung nach deutschen Regeln. Japanische Substantive werden nicht, wie im Deutschen, auf der zweiten Silbe betont. Bei Fremdwörtern wie z. B. Kimono oder Karate ist dies aber durchaus zulässig. Schwierigkeiten ergeben sich manchmal dadurch, dass die gängige Hepburn-Umschrift sich an englischen Ausspracheregeln orientiert.

Schreibweise	*Aussprache*	*Beispiel*
z	weiches s wie in «Nase»	Kamikaze, Zen
s	hartes s wie in «Tasse»	Sushi, Bonsai
j	dsch wie in «Jeans»	Fuji, Shoji
ei	wie langes e	Geisha, Nikkei
r	Zwischenlaut zwischen r und l, wie einmal gerolltes r	Furo, Hiragana

天照

Aikido das; -[s]

Selbstverteidigungssportart, aus *ai*, Harmonie, *ki*, Energie, und *dô*, Weg

Aikido gehört zu den Sportarten, die aus Japan zu uns gekommen sind. Es handelt sich um eine Form der Selbstverteidigung. Kimura verzeichnet das Wort nicht. Bei Schinzinger ist bei dem Stichwort *aikidô* das deutsche Fremdwort Aikido angegeben mit der Erklärung: ein japanischer Kampfsport. *DF, DGF, DUW, GFL, Br, Sch*

Ainu der; -, -[s]

Volk in Nordjapan; Angehöriger des Volkes der *Ainu*

Das Wort wird im Japanischen in Katakana (siehe dort) geschrieben, was darauf deutet, dass es sich um ein Wort aus einer fremden Sprache handelt. Die *Ainu* sind eine Minderheit im Norden Japans mit eigener Sprache und Kultur. Sie unterscheiden sich in Wuchs und Körperbau von den Japanern, sind im Gegensatz zu diesen stark behaart und haben keine Mongolenfalte. *Br 1928, Br, Ki, Sch*

Akita-Inu der, -[s], -s

japanische Hunderasse, aus *Akita*, Stadt in Nordjapan, und *inu*, Hund (Das Wort wird japanisch *akitaken* ausgesprochen)

Akita-Inus sind den Huskies verwandt. Sie gelten als besonders schöne Hunderasse. *Sch*

Amakudari der; -[s]

von oben herab, aus *ama*, Himmel, und *kudaru*, herunter steigen

Das Wort *Amakudari* wird vor allem in der Wirtschaft gebraucht. Große Unternehmen stellten gern aus dem aktiven Berufsleben ausgeschiedene höhere Beamte ein, damit sie ihre Verbindungen für das Unternehmen nutzbringend spielen lassen. Diese werden *amakudari* genannt. In den letzten Jahren ist diese Praxis aus Gründen des unlauteren Wettbewerbs verboten worden. *Ki, Sch*

Amaterasu

Sonnengöttin, aus *ama*, Himmel, und *terasu*, scheinen

Die Sonnengöttin Amaterasu, die vom Himmel Scheinende, ist die Ahnherrin des japanischen Kaiserhauses. Im Shintoismus ist sie die höchste Gottheit. Sie wird auch Tenshô Kôdaijin genannt. *Br 1928, Br*

Amida auch Amida Buddha, der Buddha Amitabha, Buddha des Lichts

Bereits bei der Entstehung des Buddhismus in Indien haben sich verschiedene Inkarnationen Buddhas herausgebildet, von denen der Buddha des Lichts in Japan zu den besonders beliebten Darstellungen gehört. Amida wurde im Ryobushinto mit Amaterasu, der Sonnengöttin im Shinto, gleichgestellt. Im esoterischen Buddhismus, auch im Buddhismus des Reinen Landes, ist Amida Buddha die wichtigste Gestalt. Amida nimmt die Gläubigen nach dem Tod in seinem Reinen Land auf, das auch als Paradies bezeichnet wird. *Br 1928, Br, Ki, Sch*

Anime (ohne Angaben zur Grammatik)

Zeichentrickfilm, aus englisch-japanisch animation, Belebung

Das Wort ist seit den siebziger Jahren bekannt. Es ist eine Weiterentwicklung der Manga. Einer der frühen anime, der in den siebziger Jahren auch im deutschen Fernsehen mit großem Erfolg ausgestrahlt wurde, war «Heidi». In die Duden-Wörterbücher ist das Wort *anime* bis heute nicht aufgenommen worden, möglicherweise weil dafür im Deutschen das Wort Zeichentrickfilm zur Verfügung steht. *Br, Sch*

Aritaporzellan das; -s

Arita ist der Herstellungsort einer bestimmten Art von Porzellan auf der Insel Kyushu, der südlichsten der vier Hauptinseln Japans. Im ausgehenden 19. Jahrhundert gelangten große Mengen dieses Porzellans nach Europa und Amerika. Es ist bei Sammlern sehr begehrt und hat im 20. Jahrhundert eine enorme Wertsteigerung erlebt.

Schinzinger enthält zwar nicht das Kompositum Aritaporzellan, aber das Wort *aritayaki*, das er mit Aritaporzellan erklärt. *DF, DGF, FL, Br 1928, Br, (Sch)*

Aucuba, Aukube die; -n

Aucuba oder Aukube ist eine beliebte Zierpflanze mit gefleckten Blättern und korallenroten Beeren. Ursprünglich in Japan beheimatet, wurde sie im 19. Jahrhundert auch in Europa heimisch. Laut Duden ist ihr japanischer Name Aokiba. Das japanisch-deutsche Wörterbuch von Kimura enthält kein solches Wort, wohl aber *aogiri*, das als sterculia platanifolia angegeben wird. Schinzinger enthält das Stichwort Aoki, und er übersetzt es als Japanlorbeer mit dem lateinischen Namen Aucuba Japonica.

Die Pluralendung Aukuben ist ungewöhnlich. Fast alle anderen japanischen Fremdwörter bilden den Plural mit der Endung -s. Das zeigt, dass die Aufnahme ins Deutsche sehr früh erfolgt sein muss. Im Fremdwörterbuch von Heyse (1901) ist Aucube erklärt als «eine Zimmerpflanze aus Japan mit gelbgefleckten großen Blättern und kleinen braunen Blüthen». *DF, DGF, GFL, FL, Hey, Br 1929, Br*

Aukube vgl. Aucuba *DF, DGF, GFL, FL, Hey, Br 1929, Br*

Aum-Sekte die, -, -n

moderne Religionsgemeinschaft, nach der Meditationssilbe Om

Die Aum- oder Om-Sekte hat in den neunziger Jahren durch einen Giftgas-Anschlag in der U-Bahn von Tokyo makabre Be-

kanntheit erlangt. Gegen den Gründer und Anführer der Sekte, Shoko Asahara, wurde ein Todesurteil verhängt.
Der Name der Sekte soll die Meditationssilbe Om wiedergeben. Er ist aber auch eine Anspielung auf den Anfang und das Ende, A und O, japanisch *aun*. *Br, Ki, Sch*

Ayu der; -s, -s
in Japan heimischer lachsähnlicher Fisch
Ayu ist der Name eines Lachsfisches, der in japanischen Küstengewässern lebt und zum Laichen die Flüsse hinaufwandert. Kimura spricht von einer Bachforelle, gibt aber zusätzlich die lateinischen Namen salmo fario und plecoglossus altivelis an. Bei Schinzinger wird der Ayu als endemischer Lachs bezeichnet und die lateinische Bezeichnung plecoglossus altivelis bestätigt. *DGF, Ki, Sch*

盆栽

Bakufu die, -
Militärregierung, aus *baku*, Zelt, und *fu*, Regierung, Präfektur
Schinzinger erklärt *bakufu* mit dem Wort Shogunat. Es wird angegeben, dass die Zeit des Bakufu vom 12. bis zum 19. Jahrhundert andauerte. In dieser Zeit hatte der Kaiser keine politischen Aufgaben. Die Regierung wurde durch die Shogune, Militärherrscher, ausgeübt.
In Texten wird Bakufu oft im Neutrum gebraucht. *GFL, FL, Br 1929, Br, Ki, Sch*

bansai vgl. banzai *DF, DGF, GFL, FL, Br, Ki, Sch*

banzai
banzai aus *ban*, zehntausend, und *zai* oder *sai*, Jahr, Lebensalter
In beiden Fremdwörterduden ist banzai mit kleinem Anfangsbuchstaben geschrieben, in den Leipziger Wörterbüchern und im Brockhaus dagegen mit großem Anfangsbuchstaben. Es sind keine grammatischen Endungen angegeben, und zur Wortart wird nichts gesagt. Im Japanischen handelt es sich um ein Substantiv.
Wörtlich übersetzt heißt es: 10 000 Jahre soll er leben! (japanischer Glückwunschruf). Kimura gibt als Übersetzung an: das Hurrageschrei, der Hochruf, aber auch: jemandem ein langes Leben wünschen. Bei Schinzinger sind auch die Ausrufe Hoch! und Hurra! angegeben. Als Beispielsätze werden «Ein dreifaches Hoch aufbringen» und «Es wäre toll, wenn es klappte!» genannt. Dies zeigt, dass *banzai* in Japan keinesfalls als veraltet gilt, sondern auch heute noch in alltäglichen Situationen gebraucht wird.

Deutsche Manga-Freunde kennen das Wort Banzai auch als Titel einer weit verbreiteten Manga-Zeitschrift in deutscher Sprache. *DF, DGF, GFL, Br 1929, Br, Ki, Sch*

Batsu die; -, -[s]
Clique, Gruppe, Fraktion, Seilschaft
Das Wort kommt vor allem in Zusammensetzungen vor, wobei es immer durch andere Elemente näher bestimmt wird: *zaibatsu*, Firmengruppe, Konzern, oder *gakubatsu*, Schulgemeinschaft, Studentenclique etc. In der Wirtschaft wird das Wort gebraucht, um Zusammenhänge zwischen Unternehmen deutlich zu machen. Studenten, die an der gleichen Hochschule studiert haben, bleiben einander auch später in verschiedenen beruflichen Umfeldern verbunden und bilden eine *gakubatsu*, die wie eine Seilschaft oder wie ein Netzwerk funktioniert. *Ki, Sch*

Benten auch Benzaiten
die zweite unter den sieben Glücksgöttern; die einzige Frau unter ihnen. Sie wird oft sitzend dargestellt. Sie ist die Verkörperung der Liebe und der Schönheit, Schutzgöttin der Musik und der schönen Künste. Auch die Beredsamkeit gilt als eine ihrer Tugenden. Ihr Attribut ist die Biwa, die japanische Laute. *Br 1929, Br, Ki, Sch*

Bento das; -[s], -s, auch O-bento
verpackte Mahlzeit für unterwegs, aus *ben*, (unklare Bedeutung), und *tô*, hier
Bento, auch O-bento, ist in Japan sehr populär. Überall an Bahnhöfen, im Zug, im Theater etc. kann man fertig zubereitete Mahlzeiten kaufen, die man unterwegs oder auf seinem Sitzplatz verzehren kann. Auch das Frühstück, das die Mütter ihren Kindern für Schule oder Kindergarten mitgeben, wird O-bento genannt. Es spielt dabei keine Rolle, ob das Essen selbst zubereitet oder fertig im Supermarkt gekauft wird, auch ist nicht entscheidend, woraus es besteht. Das Wort wird im Englischen ge-

legentlich als lunch übersetzt, aber es ist auch an keine Tageszeit gebunden.
Schinzinger erklärt bento mit dem deutschen Fremdwort Bento, obwohl die deutschen Wörterbücher das Wort nicht enthalten.
Im täglichen Sprachgebrauch erscheint statt *bentô* oft *o-bentô*. *Ki, Sch*

Benzaiten siehe Benten

Bishamon
Bishamon (japanisch auch *bishamonten*, Sanskrit Vaisravana) ist einer der sieben Glücksgötter. In der buddhistischen Mythologie wird er mit dem Bezwinger der Teufel gleichgesetzt. Er hält in der einen Hand ein Schwert, in der anderen eine kleine Pagode. Im Shinto entspricht er dem Kriegsgott Hachiman. *Br 1929, Br, Ki, Sch*

Biwa die; -, -s
Chinesische (japanische) Laute
Die Biwa gehört zu den traditionellen Musikinstrumenten. Sie ist ähnlich geformt wie eine Laute und kann vier oder sechs Saiten haben. Der Biwasee bei Kyoto hat seinen Namen von diesem Musikinstrument, dem er in der Form gleicht. Die Biwa ist das Instrument der Göttin Benten, die unter den sieben Glücksgöttern *shichifukujin* die einzige Frau ist. Sie ist die Schutzherrin der Schönheit und der schönen Künste.
Kimura spricht von einer chinesischen Mandoline, Schinzinger von einer chinesischen Laute. *DF, DGF, Br 1929, Br, Ki, Sch*

Bonfest das, -es
Allerseelenfest, aus *bon*, Opferschale
Wir haben es hier wieder mit einem Kompositum zu tun, bei dem ein deutsches Wort, Fest, durch das japanische Wort Bon moderiert wird.

O-*bon*, auch *urabon*, wie es im Japanischen heißt, ist das Fest im August, zu dem die Toten aus dem Jenseits zurückkehren. Es wird in verschiedenen Regionen zu unterschiedlichen Zeiten gefeiert, und zwar entweder Mitte Juli oder Mitte August, wobei diese Zeitverschiebung auf die Umstellung vom Mondkalender auf den gregorianischen Kalender zurückzuführen ist.
Während des Festes sind dem Volksglauben zufolge die Toten anwesend, um noch einmal mit den Lebenden gemeinsam zu feiern. Am letzten Tag des Festes werden sie mit Lichtern zurück ins Jenseits geleitet. Dazu wurden früher kleine Boote aus Schilf oder Bambus, die man mit brennenden Lichtern geschmückt hatte, an einem Flußufer oder am Meer ausgesetzt. Heute ist wegen der Feuergefahr fast überall das Aussetzen brennender Flöße auf dem Wasser verboten.
O-bon ist nach wie vor eins der beliebtesten Feste, bei denen viele Städter die Gräber ihrer Vorfahren auf dem Land besuchen.
Während man im Deutschen sagt: «Das ist wie Weihnachten und Ostern zusammen» sagen die Japaner: «Das ist wie Neujahr und O-bon zusammen.»
Kimura und Schinzinger enthalten beide das Stichwort *bon*, beide geben als Erklärung Allerseelenfest an. Als Koposita finden sich Bon-Laterne und Bon-Odori (Besondere Tänze, die zu diesem Fest aufgeführt werden). *DF, DGF, Br, Ki, Sch*

Bon-odori
Tänze zum Bonfest *Br, Ki, Sch*

Bonsai der; – [s], -s
Zwergbaum, aus *bon*, Schale oder Gefäß, und *sai*, pflanzen
Die Aufzucht von Bäumen in kleinen Töpfen, die durch ständigen Rückschnitt von Blättern und Wurzeln künstlich klein gehalten werden, ist auch in Europa zu einem beliebten Hobby geworden. Für ältere Japaner ist diese Tradition mehr als ein Hobby. Es gab und gibt auch heute noch Züchter, deren Bonsai-Sammlung wertvolle, mehrere hundert Jahre alte Exemplare umfasst.

Berühmt ist die Sage von Tsuneyo, einem in Ungnade gefallenen und verarmten Samurai. Als sein Herr im Winter in seine Hütte kam, verbrannte er seinen kostbarsten Bonsai, um die einfache Hütte für seinen Herrn wenigstens etwas zu erwärmen. Der Herr erkannte daran seine ehrliche Gesinnung und nahm ihn wieder in seine Dienste.

Kimura nennt das deutsche Wort Topfpflanze als Erklärung. Das Wort *bon* bedeutet Schale oder Tablett, und damit ist beispielsweise auch die Opferschale gemeint, nach der das Bonfest genannt ist. Dem deutschen Wort Topfpflanze fehlt jedoch die Komponente «klein gehalten», die in Bonsai enthalten ist.

In der deutschen Umgangssprache wird das Wort Bonsai längst in andere Sinnzusammenhänge übertragen. Vor Jahren wurde ein kleinwüchsiger deutscher Minister als Bonsaipolitiker bezeichnet. Man spricht gelegentlich von der Bonsaiversion eines Gerätes oder eines Gebrauchsgegenstandes. *DF, DGF, DUW, GFL, Br, Ki, Sch*

Bonsai das; -;
Kunst der Bonsai-Zucht
Mit der sächlichen Form ist – nach den beiden Duden – die japanische Kunst, Zwergbäume zu züchten, gemeint. Jedoch scheint diese Verwendung des Wortes im Deutschen sehr viel weniger gebräuchlich zu sein als die Bezeichnung des Gegenstandes als Bonsai. *DF, DGF, DUW, GFL, FL, Br, Ki, Sch*

Bonsaibaum der; -[e]s, ...bäume siehe Bonsai
Fragt man Deutsche, was ein Bonsai ist, dann sind einige unsicher oder können dem Wort keine Bedeutung zuordnen. Fragt man aber, was ein Bonsaibaum ist, dann weiß fast jeder, dass es sich um künstlich klein gehaltene Zwergbäume handelt. In unserer Umfrage zum Bekanntheitsgrad der japanischen Fremdwörter stand Bonsaibaum an vierter Stelle, Bonsai an sechster. *DF, DGF*

Bonze der; -n, -n;
buddhistischer Priester; Funktionär, aus *bôzu*, Priester oder Mönch
Das Wort Bonze ist als eins der frühesten Wörter aus dem Japanischen ins Deutsche und in andere europäische Sprachen eingegangen. Es ist durch portugiesische Missionare zunächst ins Portugiesische, später über das Französische ins Deutsche gekommen. Im Dictionnaire Général de la Langue Francaise von 1892 ist es mit der Bedeutung «Prêtre chinois» angeführt. Heyse verzeichnet es in seinem 1901 erschienenen Fremdwörterbuch.
Auf dem Umweg über das Portugiesische hat das Wort eine Form angenommen, die nicht ohne Hintergrundwissen zurück verfolgt werden kann. In den japanischen Wörterbüchern ist kein Wort *bonze* enthalten, obwohl die lautlichen Möglichkeiten dazu im Silbensystem gegeben wären. Unter *bôzu* dagegen ist die Erklärung «buddhistischer Priester» zu finden. Dem entsprechen die Erklärungen im französischen Wörterbuch. Bei Heyse (1901) wird erklärt: «Priester der Religion des Fo oder Buddha in Japan und China; uneigentlich ein abergläubischer Pfaff.»
Die modernen Wörterbücher bringen neben der Bedeutung «Buddhistischer Mönch, Priester» auch die offensichtlich gebräuchlichere Komponente: Jmd., der die Vorteile seiner Stellung genießt und sich nicht um die Belange anderer kümmert; höherer, dem Volk entfremdeter Funktionär». Dabei wird auf die abwertende Konnotation hingewiesen. *DF, DGF, DUW, GFL, FL, Hey, Br 1929, Br*

Bonzentum das; -s
Als Bedeutung wird «Gesamtheit, beherrschende Stellung der Bonzen» genannt. Die Wortform zeigt, dass das Wort bereits an die Wortbildungsmuster des Deutschen angepasst ist. *DUW, DGF*

Bonzokratie die; -, ...ien
Herrschaft, übermäßiger Einfluss der Bonzen. Hier wird, wie auch bei der Erklärung zu Bonze, auf die abwertende Konnotation hingewiesen. *DF, DGF, DUW, GFL, FL, Br*

Bosatsu der; -
Bodhisattva
Einige Wörterbücher begnügen sich mit der Bedeutungsangabe «Bodhisattva», andere erklären es als «Anwärter auf die Buddhawürde» oder als buddhistischer Heiliger.
Als Buddha bereits die Erleuchtung erlangt hatte und wusste, wie er ins Nirwana eingehen kann, blieb er freiwillig in seiner menschlichen Existenz, um zu predigen und um den Menschen den Weg zur Erleuchtung zu zeigen. Dieser Zustand wird im Sanskrit als Bodhisattva bezeichnet. Im Grunde ist jeder Mensch, der im buddhistischen Sinn erleuchtet ist, ein Bodhisattva. *DF, DGF, FL, Br 1929, Br, Ki, Sch*

Budo das; -s
Waffenlose Sportarten, aus *bu*, ritterlich, und *dô*, Weg
Budo ist eine Sammelbezeichnung für verschiedene waffenlose Sportarten wie Karate oder Judo (siehe dort). Kimura erklärt *budo* als militärische Künste, auch: Ritterlichkeit. *DF, DGF, DUW, GFL, Br, Ki, Sch*

Budoka der; -[s], -[s]
Die Endung -ka wird im Japanischen ähnlich gebraucht wie die Endung -er im Deutschen, um eine Person auszudrücken: Sport, der Sportler. *DF, DGF, DUW, GFL*

Budoka die; -, -[s]
Die weibliche Form von Budoka ist aus Gründen der politischen Korrektheit ins DGW aufgenommen worden. Im Japanischen gibt es keine weibliche Form, da die japanische Sprache diese Unterscheidung nicht kennt. *DUW*

Bugaku das -s

Höfische Tänze, aus *bu*, Bühne und *gaku*, Vergnügen oder Heiterkeit

Bugaku, das am Kaiserhof gepflegt wurde, steht im Gegensatz zu den Volkskünsten Kagura, Dengaku und Sarugaku. Bugaku-Tänze werden von Gagaku-Musik mit Blasinstrumenten und Trommeln begleitet.

Bugaku-Tänze sind in Deutschland bisher weitgehend unbekannt, im Gegensatz etwa zu Butoh, dem modernen Tanzstil aus Japan, der durchaus in Deutschland bekannt ist, aber noch nicht in den Fremdwörterbüchern erscheint. *DGF, Br, Ki, Sch*

Buke der; -, -

Familie, Sippe des Kriegeradels, aus *bu*, Samurai, und *ke*, Haus oder Familie

Das Wort Buke kann sowohl den einzelnen Krieger als auch die Familien des feudalen japanischen Kriegsadels sowie die kriegerische Kaste umfassen. Im Japanischen wird sowohl die Familie als auch der einzelne Krieger als Buke bezeichnet. *DGF, GFL, FL, Br 1929, Br, Ki, Sch*

Bunraku das;

Puppentheater, aus *bun*, Kultur, und *raku*, Vergnügen, Heiterkeit

Das Bunraku wird als Bühnenkunst für Erwachsene angesehen, die sich mit der Kunst lebender Schauspieler messen kann und zeitweise mit diesen in Konkurrenz stand. Das Bunraku entstand im 18. Jahrhundert. Der Name Bunraku geht auf den Künstlernamen eines der großen Dramatiker dieser Bühnenkunst zurück.

Die mechanischen Bunraku-Puppen sind etwa einen Meter groß. Die Puppenköpfe sind aus Holz geschnitzt und stellen jeweils einen bestimmten Typ dar: furchterregender Krieger, junge Frau, alter Mann, Prinzessin etc. Die Augenlider, Mund, Hände und oft auch die Finger der Puppen sind beweglich.

Jede Puppe wird von drei Spielern bewegt. Der Hauptspieler hält den Kopf und die rechte Hand, der zweite Spieler die linke Hand und der dritte die Füße. Durch virtuoses Zusammenspiel der drei Spieler wird eine sehr lebensechte Darstellung erzielt. Die Spieler sind zwar auf der Bühne anwesend, sind jedoch meist schwarz verhüllt und gelten als unsichtbar.
Das einzige noch regelmäßig auftretende professionelle Bunraku-Ensemble spielt in Osaka. Gelegentlich unternimmt es Gastspielreisen, auch nach Deutschland. In Japan kann man bei Volksfesten (Matsuri) noch ländliche Traditionen von Puppenspiel sehen. *DGF, Br, Sch*

Burakumin (Pl)
eine Minderheit in Japan; aus *bu*, Abteilung, und *raku*, Dorf; Degeneration, Verlierer, und *min*, Volk
Burakumin sind eine stark diskriminierte Minderheit (2–3 Millionen) in Japan. Im Kansaigebiet werden ganze Stadtviertel von Burakumin bewohnt.
In den japanischen Wörterbüchern erscheint das Wort als *buraku*. *Br, Ki, Sch*

Buschi siehe Samurai *GFL, FL*

Buschido siehe Bushido *DF, DGF, GFL, FL, Br*

Bushi der; -s, -s *Br 1929, Br, Ki, Sch*

Bushido das; -s, -[s]
Ehrenkodex der Samurai, aus *bushi*, Samurai, und *dô*, Weg
Zwar ist die Klassengesellschaft längst abgeschafft, aber die ritterlichen Grundsätze leben in vielen Bereichen japanischer Kultur weiter. Beispielsweise beruft sich das japanische Militär bis heute vielfach auf die Samurai-Tugenden. Auch für die Wirtschaft behalten diese Verhaltensweisen eine Vorbildfunktion.

Die japanischen Wörterbücher enthalten das Kompositum nicht, weil es sich bei der Zusammensetzung mit dem Wortteil -dô um ein häufig vorkommendes Wortbildungsmuster handelt. *GFL, FL, Br 1929, Br*

Butoh auch Buto
Moderner Ausdruckstanz, aus *bu*, Bühne, und *tô*, auftreten, betreten.
Die ursprüngliche Bedeutung des Wortes *butô* war einfach Tanz. Das Wort wird heute vorwiegend mit dem modernen Ausdruckstanz verbunden. In dieser Bedeutung kam es auch ins Deutsche. Die Schreibweise mit dem Dehnungs-h ersetzt das lange o am Ende, das sich in lateinischen Buchstaben nicht ausdrücken lässt. Schinzinger weist darauf hin, dass Butoh auch Veitstanz, Tanzkrankheit bedeutet. *Br, Ki, Sch*

Butsu
In Japan gebräuchlicher Name Buddhas *Br 1929, Br, Ki, Sch*

Butsudan der; -s, -e
buddhistischer Hausaltar, aus *butsu*, Buddha, und *dan*, Stufe oder Fach
In vielen japanischen Häusern befindet sich ein meist buddhistischer Hausaltar, auf dem den Toten Opfergaben dargebracht werden. Manche Japaner beten täglich vor diesem Altar. Nach der Einäscherung wird die Urne eines Verstorbenen auf diesen Hausaltar gestellt, bevor sie in der eigentlichen Grabstätte auf dem Friedhof beerdigt wird. *DGF, Ki, Sch*

Byobu der; -, -[s]
Wandschirm, Faltschirm, aus *byô*, Wand, Zaun, und *bu*, Wind
Den Gegenstand, den wir als Wandschirm oder auch als spanische Wand bezeichnen, haben wir nicht direkt aus Japan kennen gelernt, sondern er kam mit den spanischen und portugiesischen Missionaren bereits im 16. Jahrhundert nach Europa. Von Spa-

nien kam dann der Gegenstand nach Deutschland, wie die Bezeichnung «spanische Wand» deutlich macht. Ähnlich wie beim Fächer, den viele auch in erster Linie mit Spanien assoziieren, wurde die Herkunft aus Japan erst später offenbar.
Byobu können zwei-, drei-, vier- oder sechsteilig sein. Sie bestehen aus leichten Holzrahmen, die mit festem Papier beklebt und mit Scharnieren versehen sind.
Wandschirme waren in Japan bereits in der Heian-Zeit (794–1185) im Gebrauch. Oft bedienten sich große Maler ihrer als Malgrund. In einigen europäischen Museen sind besonders künstlerisch ausgestaltete Wand- und Faltschirme ausgestellt. *Br 1929, Br, Ki, Sch*

茶の湯

Chado siehe Chanoyu *FL*

Chaire die; -, -n
Teedose, aus *cha*, Tee, und *ireru*, hineintun
Bei der Teezeremonie wird ein besonderer pulverisierter Tee verwendet, der mit einer Art Bambusschläger schaumig gerührt wird. Dieser grüne Tee, Matcha genannt, wird in einer besonders schönen Teedose aus Ton oder Lack aufbewahrt. Wie alle Gebrauchsgegenstände, die bei der Teezeremonie verwendet werden, wird auf die besondere Ästhetik großer Wert gelegt. *DGF, Br 1929, Br, Ki, Sch*

Chaki die; (Pl)
Teegerät, aus *cha*, Tee, und *ki*, Ware, auch *chadôgu*
Die Teegeräte, die bei der Teezeremonie verwendet werden, sind meistens sehr kostbar und von schlichter Schönheit. Schinzinger und Kimura verweisen bei Chaki auf *chadôgu*. *DGF, Ki, Sch*

Chaku das; -s, -s
Kurzwort für Nunchaku *DF, DGF*

Chanoyu das; – (vgl Tschanoju)
Teezeremonie, aus *cha*, Tee und *yu*, heißes Wasser
Die Teezeremonie ist ein Ritual, das im Umfeld des Zen-Buddhismus und der Samurai-Ethik zu seiner heutigen Form ausgereift ist. Alle Handlungen während der Zeremonie sind genau festgelegt und aufeinander abgestimmt. Die Gerätschaften, die dabei verwendet werden, sind meist unscheinbar, aber sehr wertvoll. Die vollkommene Beherrschung des Körpers und des Geistes sind das Ziel der Zeremonie.

Bei der Teezeremonie wird ein besonderer Tee, *matcha*, verwendet. Er ist pulverisiert und wird mit einer Art Bambuspinsel schaumig gerührt. Der Teemeister bereitet nacheinander für jeden Gast eine Schale des bitteren Tees.
Es gibt verschiedene Schulen der Teezeremonie. Heute wird die Teezeremonie vor allem von Frauen in der Freizeit geübt.
Das Leipziger Fremdwörterbuch von 1965 bringt auch die Stichwörter Chado und Sado in der Erklärung zu Chanoyu. *DF, DGF, FL, Br 1931, Br, Ki, Sch*

Chashitsu das; -[s], -[s]
Teeraum, aus *cha*, Tee, und *shitsu*, Zimmer
Viele größere traditionelle Anwesen verfügen über einen kleinen Raum, der ausschließlich für die Teezeremonie gebraucht wird. Er ist von außen zugänglich, so dass die Besucher der Teezeremonie direkt aus der Natur in den strengen, schlichten Raum eintreten. Die Tür ist nur ein Durchschlupf, die Gäste müssen sich bücken, um eintreten zu können. Im Raum gibt es eine quadratische Vertiefung im Boden, in der ein Holzkohlebecken zum Erhitzen des Teewassers steht. *Br, Ki, Sch*

Chawan der; -s, -s
Reisschale, aus *cha*, Tee, und *wan*, Schale, Schüssel
In Texten wird Chawan oft auch weiblich gebraucht.
Teeschalen werden heute in Japan meist für den gekochten Reis verwendet. In Deutschland ist das Gefäß vor allem als wertvolles Porzellan oder aus der Töpferei bekannt.
Bei der Teezeremonie werden meist kostbare Teeschalen aus glasiertem oder kunstvoll getöpfertem Ton verwendet. Anfang des 20. Jahrhunderts waren Teeschalen aus Japan begehrte Sammlerobjekte. *DGF, Br 1931, Br, Ki, Sch*

Chaya das, -[s], -s
Teehaus, aus *cha*, Tee, und *ya*, Haus
Mit Chaya kann sowohl ein Teehaus als auch ein Teegeschäft ge-

meint sein. Kimura erwähnt auch die Bedeutung Geeschahaus. *Br, Ki, Sch*

Chosen

japanischer Name für Korea, aus *chô*, Morgen, und *sen*, frisch, klar *Br 1929, Br, Ki, Sch*

道場

Daibutsu der; -
Großer Buddha, aus *dai*, groß, und *butsu*, Buddha
Die bekanntesten großen Buddhastatuen in Japan sind der 18 m hohe Daibutsu in Nara und der im Freien stehende Amida Buddha in Kamakura. *Br 1929, Br, Ki, Sch*

Daiko siehe Taiko

Daikoku der; -, -
Gott des Reichtums, aus *dai*, groß, und *koku*, schwarz
Daikoku (Sanskrit Mahakala) ist einer der sieben Glücksgötter. Er trägt eine charakteristische runde Mütze und wird oft auf einem Reissack sitzend dargestellt. Seine Erkennungszeichen sind ein Hammer, mit dem er Schätze aus der Erde schlagen kann, und eine Ratte, die sich nur da aufhält, wo es ausreichend zu fressen gibt. *Br 1929, Br, Ki, Sch*

Daimio der; -, -s
Der Duden bringt die Erklärung zu dem Wort Daimio unter diesem Stichwort, während unter der Schreibung mit y nur ein Verweis zu finden ist. Das vermittelt dem Benutzer den Eindruck, dass die Schreibung mit i richtig und die Schreibung mit y eine Variante davon ist. Tatsächlich ist die Schreibung mit y die international übliche, die Variante mit i dagegen eingedeutscht. *DF, DGF, GFL, FL, Br*

Daimjo siehe Daimyo *GFL, FL*

Daimyo der; -[s], -[s]

Landesfürst in der Feudalzeit Japans, aus *dai*, groß, und *myô*, Name

Ein Daimyo regierte eine Provinz. Ihm waren die Samurai unterstellt. Er war seinerseits dem Shogun verpflichtet.

In der Tokugara-Periode waren die Daimyos verpflichtet, sich im Wechsel in ihrer Provinz und in der Hauptstadt aufzuhalten. Damit sollte ihre Macht beschnitten und möglichen Rebellionen gegen die Zentralregierung vorgebeugt werden. *DF, DGF, GFL, Br 1929, Br, Ki, Sch*

Dainihon

Großjapan, aus *dai*, groß, und *nihon*, Japan

Dainihon oder Dainippon war die Bezeichnung für das japanische Kaiserreich einschließlich der eroberten Gebiete in ganz Ostasien, ähnlich dem Großdeutschland des Dritten Reiches. *Br, Br 1929*

Daisekiji der; -, -

großer (buddhistischer) Tempelbau, aus *dai*, groß, *seki*, Stein und *ji*, Tempel

Der japanische Buddhismus gliedert sich in verschiedene Glaubensrichtungen, oft auch irreführend als Sekten bezeichnet, die jeweils einen Haupttempel haben. Dieser ist meist aus Stein gebaut, während die kleineren Tempel gewöhnlich Holzbauten sind.

Weder Kimura noch Schinzinger enthalten das Wort. Auch *sekiji* sucht man dort vergebens. *DGF*

Dan der; -, -

Stufe, Grad oder Rang

Im Japanischen ist das Wort *dan* sehr vielseitig und wird in den unterschiedlichsten Situationen gebraucht. Im Deutschen wird es ausschließlich im Zusammenhang mit den Budo-Sportarten verwendet. Im Fremdwörterbuch des Duden von 1982 ist auch noch das Stichwort Hachidan enthalten, das «achter Grad» bedeutet. In den neueren Ausgaben wurde dieses Stichwort getilgt. *DF, DGF, DUW, GFL, Br, Ki, Sch*

Daruma der; -[s], -[s]

Bodhidharma, unterlegt mit den Schriftzeichen *tatsu*, aufstehen, und *ma*, polieren

Daruma (Sanskrit Bodhidharma) ist eine historische Gestalt. Im 6. Jahrhundert brachte er den Buddhismus von Indien nach China und begründete dort den Chan-Buddhismus (japanisch: Zen). Um sein Leben und seine Frömmigkeit ranken sich viele Legenden. Er soll neun Jahre meditierend vor einer Mauer gesessen haben, so dass ihm die Beine abgestorben sind. Daraus entstand in Japan die populäre Daruma-Figur: ein rotes Stehaufmännchen mit großen weißen Augenhöhlen. Diese Figuren sind meist aus Pappmaché gefertigt und werden bei Schreinfesten verkauft. Wenn man sich etwas intensiv wünscht, malt man der Figur ein Auge in eine der leeren Augenhöhlen. Erst wenn der Wunsch in Erfüllung gegangen ist, wird das zweite Auge gemalt.

Die Figur ist in Japan so beliebt, dass sie die ursprüngliche Bedeutung des Namens Daruma überstrahlt. Kimura nennt als Bedeutung nur: «Stehaufchen». Der Brockhaus nennt dagegen nur seine Bedeutung als Begründer des Zen-Buddhismus. *Br 1929, Br, Ki, Sch*

Dejima

Name einer künstlich angelegten Halbinsel im Hafen von Nagasaki

Auf dieser Halbinsel durften die Niederländer als einzige Europäer während der Zeit der Abschließung Japans von 1641 bis 1854 eine Handelsniederlassung betreiben. Nachdem diese Halbinsel im 20. Jahrhundert in das Stadtgebiet einbezogen und überbaut wurde, ist sie sie seit Anfang des 21. Jahrhunderts wieder restauriert. *Br*

Dojo das; -s, -s

Übungshalle für Kampfkünste, aus *dô*, Weg, und *jô*, Ort

In Texten wird das Wort oft mit weiblichem Geschlecht gebraucht.

Dojos sind sowohl Sportstätten als auch Meditationshallen. In Japan liegen sie oft im Tempelgelände und sind im allgemeinen nicht für die Öffentlichkeit zugänglich. Auch deutsche Sportvereine, die die japanischen Kampfkünste betreiben, nennen ihre Sporthallen Dojo. *DGF, Ki, Sch*

Dotaku das, -[s], -

Bronzeglocke, aus *dô*, Kupfer, und *taku*, Glocke

Dotaku stammen aus der Yayoi-Periode. Bronzeplatten in der Form von Glocken, zwischen 30 und 180 cm groß, sind bei Ausgrabungen gefunden worden. Zweck und Ursprung sind noch nicht erforscht, es wird aber ein Zusammenhang mit der südchinesischen Kultur vermutet. *Br, Sch*

Dschiu-Dschitsu vgl Jiu-Jitsu *DGF, FL, Br 1930, Br*

Dschodo das; -

Veraltete Schreibweise von Jodo *DF, DGF*

絵巻

Ebisu der, -, -s

Gott des Reichtums, unterlegt mit den Schriftzeichen *e*, Segen, *bi*, Beispiel, und *su*, richtig

Ebisu ist einer der sieben Glücksgötter. Er ist der Schutzgott der Fischer und Kaufleute. Er wird mit einer Meerbrasse (Fisch) und einer Angel dargestellt. Die Schriftzeichen, mit denen der Name geschrieben wird, werden vor allem wegen ihrer glückverheißenden Bedeutung verwendet. Ebisu wird gelegentlich auch Hiruko genannt. *Br 1930, Br, Ki, Sch*

Eda-mame

grüne Sojabohne, Zuckererbse, aus *eda*, Zweig, und *mame*, Bohne

Edamame sind eine beliebte Zwischenmahlzeit. Sie werden roh gegessen und schmecken und sehen ähnlich aus wie frische Erbsenschoten. *Ki, Sch*

Edo-Jidai Edo-Periode

Als Edo-Jidai oder Tokugawa-Zeit bezeichnet man die Zeit zwischen 1603 und 1867. Die Stadt Edo (heute Tokyo) war der Sitz der Tokugawa-Shogune. *Ki, Sch*

Emaki das; -[s]

Bildrolle, aus *e*, Bild, und *maki*, Rolle, auch *emakimono*.

Das oft viele Meter lange Bild aus Papier oder Seide ist an beiden Enden um einen Holzstab gewickelt. Zum Betrachten kann man die Bildrolle in den Händen halten und jeweils weiterrollen, oder die Rolle wird auf einem Tisch stückweise ausgerollt.

Bilderrollen gehörten zu den kostbarsten Besitztümern von Tempeln oder Fürstenfamilien. Eine solche Rolle zeigt Geschichten in

Bildern. Die einzelnen Szenen waren durch gemalte Wände oder Wolken voneinander getrennt. Beim Abrollen konnte man so Szene für Szene betrachten. Heute werden diese Bildrollen als Vorläufer der Manga angesehen. *DGF, Br, Ki, Sch*

En siehe Yen

Engischiki das, -

Ritualtext des Shinto, aus *engi*, gutes Vorzeichen, und *shiki*, die Zeremonie

Karl Florenz bezeichnet Engischiki als eine aus dem 10. Jahrhundert stammende 50-bändige Sammlung von Zeremonialgesetzen. Das Wort Engishiki ist in Japan sehr ungebräuchlich und gehört eher in den Fachwortschatz von Japanologen und Religionswissenschaftlern. Weder bei Schinzinger noch bei Kimura ist es verzeichnet. In den Fremdwörterbüchern des Duden ist das Wort bereits 1983 enthalten. Die international übliche Schreibweise Engishiki ist in keinem der deutschen Fremdwörterbücher enthalten, das Wort wird aber auch nicht aus den neuen Ausgaben getilgt, obwohl es heute kaum noch bekannt ist. *DF, DGF*

Enka das; -

Populäre Musikrichtung, aus *en*, öffentliche Rede, und *ka*, Lied

Enka sind entstanden unter dem Einfluss des Westens um die Wende zum 20. Jahrhundert. Sie sind bis heute sehr populär. Bei Karaoke-Veranstaltungen werden vorwiegend Enka-Texte angeboten.

Schinzinger spricht von volkstümlichen Schlagern. *Br, Sch*

Eta (Pl)

Minderheit in Japan

Die Volksgruppe der Eta ging in früherer Zeit Berufen nach, die als unrein angesehen wurden. Eta und Burakumin wurden stark diskriminiert. Im Zuge der Meiji-Reform wurden sie zwar der übrigen Bevölkerung formal gleichgestellt, aber die gesellschaftliche Gleichstellung ist bis heute nicht gänzlich gelungen. *Br 1930, Br*

河豚

Fatsia Fatsie die; -, ...ien
Zimmerpflanze, Araliengewächs (auch: Aralia Sieboldii, Fatsia japonica)
Der Name Fatsia konnte nicht auf das japanische Wort zurückverfolgt werden, aus dem er entstanden ist. Der Laut f kommt im Japanischen nicht vor a vor, sondern nur vor u. Ebenso steht der Laut ts nie vor i, sondern nur vor dem Vokal u.
Die Kenntnis über die Pflanze ist bereits vor der Öffnung Japans durch den Japanforscher Franz Philipp von Siebold (1796–1866) in Europa verbreitet worden. *DF, DGF, GFL, FL, Br 1930, Br*

Fudschi
Der höchste Berg von Japan ist unter sehr unterschiedlichen Namen bei uns bekannt geworden. Die Wortform Fudschi ist zu einer Zeit in die deutschen Wörterbücher aufgenommen worden, als die Deutschen in der Mehrheit noch wenig Fremdsprachen beherrschten. Heute wird meistens die Form Fuji verwendet. Der große Brockhaus verzeichnete 1930 das Wort in dieser Schreibweise nur mit einem Verweis auf Fuji. Das Duden Universalwörterbuch hält bis heute an der Schreibweise Fudschijama fest. *Br 1930, Br*

Fudschijama der; -s
Diese Form des Namens von Japans höchstem Berg ist in Japan ungebräuchlich, hat sich in Deutschland aber weitgehend durchgesetzt. In Japan sind die Formen Fuji-san oder Fuji-no-yama gebräuchlich. *DUW, Br 1930, Br*

Fudschi-no-yama siehe Fuji-san *Br*

Fugu das; -[s], -s
Gericht aus (roh gegessenem) Kugelfisch, aus *fugu*, Kugelfisch oder Igelfisch
Das Geschlecht des deutschen Fremdwortes ergibt sich daraus, dass im Deutschen unter Fugu das Gericht gemeint ist, während im Japanischen der Fisch selbst *fugu* heißt. Das Gericht aus rohen Fischscheiben verschiedener Art heißt *sashimi*.
Der Fisch ist als Speisefisch sehr beliebt. Allerdings enthält seine Leber ein tödliches Gift, das einen schmerzlosen, raschen Tod bereitet. Daher ranken sich mythische Vorstellungen um den Verzehr des Gerichtes. Der Fisch darf in Japan nur von besonders lizenzierten Köchen zubereitet werden. *DF, DGF, Br, Ki, Sch*

Fuji (-san)
Name des höchsten Berges von Japan. Der 3779 m hohe ruhende Vulkan ist 1707 zum letzten Mal ausgebrochen. Nur in den Sommermonaten Juli und August kann der Berg bestiegen werden. Auf dem Gipfel befindet sich ein Shinto-Schrein und eine meteorologische Messstation.
Die Duden-Wörterbücher enthalten diese Schreibweise nicht. Brockhaus verzeichnet seit 1930 alle möglichen Schreibweisen mit einem Hinweis auf die international übliche. *Br 1930, Br, Ki, Sch*

Fukurokudschu siehe Fukurokuju *Br 1930, Br*

Fukurokuju
Alle drei Bestandteile *fuku*, *roku* und *ju* bedeuten jedes für sich Glück.
Name eines der sieben Glücksgötter, der Reichtum und langes Leben verheißt. Er hat einen charakteristischen hohen Schädel. Seine Begleiter sind Kranich und Schildkröte, die Symbole des langen Lebens. *Br 1930, Br, Ki, Sch*

Fun das; -[s]
Längenmaß, 0,375 m
Kimura benutzt das deutsche Fremdwort Fun, um *fun* zu erklären. Das Wort und das Maß sind heute nicht mehr gebräuchlich. Bei Schinzinger ist es nicht mehr verzeichnet. *Br 1933, Ki*

Furo
das japanische Bad, aus *furo*, heißes Bad
Das Wort Furo oder *o-furo* ist in den deutschen Fremdwörterbüchern nicht enthalten, obwohl es sehr vielen Deutschen bekannt ist. Japaner baden täglich, und die Art des Badens unterscheidet sich wesentlich von unserer Art. Man reinigt sich gründlich, bevor man in das heiße Wasser steigt. Dazu gibt es außerhalb des Baderaumes einen Wasserhahn oder in modernen Wohnungen eine Dusche und einen Abfluß im Boden. Das japanische Bad dient nicht der Reinigung, sondern der Entspannung. *Ki, Sch*

Furoshiki das; -[s], -s
Tragetuch, aus *furo*, Bad, und *shiku*, ausbreiten
Furoshiki ist ein quadratisches Tuch unterschiedlicher Größe, das dazu benutzt wird, Gegenstände einzuwickeln, um sie zu transportieren. Da der Kimono keine Taschen hat, und da andererseits Leder als Material für Taschen und Koffer unbekannt war, wurden früher Gegenstände aller Art mit einem Furoshiki zusammengepackt. Dazu wurde der Gegenstand auf das ausgebreitete Tuch gelegt, danach wurden je zwei gegenüber liegende Ecken des Tuches über dem Gegenstand verknotet. Selbst große Gegenstände wie Bettzeug und anderer Hausrat konnten so bequem transportiert werden.
Heute wird das Furoshiki nur noch selten benutzt, obwohl die meisten Japaner noch immer über eine Reihe von dafür brauchbaren Tüchern verfügen. Schinzinger verwendet zur Erklärung das deutsche Fremdwort Furoshiki.
In sehr vielen Übersetzungen japanischer klassischer Literatur kommt das Wort Furoshiki vor und wird wie ein deutsches

Fremdwort gehandhabt. Die deutschen Fremdwörterbücher enthalten es jedoch nicht. *Ki, Sch*

Fuseki das; -s, -s
Grundstellung der Steine beim Go; aus *fu*, ausbreiten und *seki*, Stein
Das Go-Spiel ist ein Strategiespiel mit schwarzen und weißen Steinen, die auf einem Brett mit einem Gitter aus sich rechtwinklig kreuzenden Linien jeweils auf die Kreuzungspunkte gesetzt werden. Ziel des Spiels ist es, die Steine des Gegners zu umzingeln. Bei der Eröffnung Fuseki sind alle Steine gleichmäßig auf dem Go-Brett verteilt. *DGF, GFL, Sch*

Fusuma die; -, -s
Schiebetür, aus *fusuma*, Schiebetür, Tapetentür
Der Duden gibt für den Plural die Endung –s an, aber in der Literatur ist ein Plural ohne Endung vielfach zu finden.
Im japanischen Haus sind die einzelnen Räume oft nur durch Fusuma getrennt; das sind Schiebetüren aus einem leichten Holzrahmen, der mit festem Papier bespannt ist. Bei Bedarf kann man mehrere Zimmer zu einem großen Raum vereinen, indem man die Fusuma herausnimmt. Die Feudalherren ließen in den großen Anwesen die Papierbespannung der Fusuma oft von den besten Künstlern bemalen.
Die moderne Bauweise hat in Japan viele traditionelle Elemente der Architektur wie Fusuma, Shoji und Genkan verdrängt, so dass heute auch Schwingtüren üblich sind. Allerdings haben die meisten Häuser und Wohnungen noch immer einen Raum im traditionellen Stil, der dann auch mit Fusuma ausgestattet ist. *DF, DGF, Br 1930, Br, Ki, Sch*

Futon der; -s, -s
Bettzeug, aus *fu*, Gewebe, Stoff, und *ton*, zusammenfügen, versammeln

Obwohl das Wort Futon erst in der zweiten Hälfte des 20. Jahrhunderts ins Deutsche kam, hat es hier sehr schnell eine veränderte Bedeutung angenommen.
Im traditionellen japanischen Haus, in dem die Räume nicht nach dem Verwendungszweck in Schlafzimmer, Wohnzimmer etc. eingeteilt werden, wird das Bettzeug tagsüber zusammengelegt und in einem Wandschrank untergebracht, so dass der gleiche Raum nachts als Schlafzimmer, tags als Wohnzimmer oder Kinderzimmer dienen kann. Ein Bettgestell gibt es beim *futon* nicht, das Bettzeug wird auf den Tatami, den geflochtenen Binsenmatten, ausgebreitet.
Ein deutscher Futon, heute oft als Futonsofa bezeichnet, hat ein niedriges Gestell, auf dem eine fest gestopfte Matratze ausgebreitet ist. Es handelt sich um ein Möbel, während der japanische *futon* nur aus dem Bettzeug besteht. *DF, DGF, DUW, Br, Ki, Sch*

外人

Gagaku das; -s
Höfische Musik, aus *ga*, elegant, verfeinert, und *gaku*, Vergnügen, Heiterkeit
Gagaku ist die zeremonielle Musik, die am Kaiserhof und in den großen Shinto-Scheinen gespielt wird. Sie unterscheidet sich von der Volksmusik durch die Instrumente, die großenteils chinesischer Herkunft sind, wie die Sho, (chinesisch sheng), eine Mundorgel mit unterschiedlich gestimmten Pfeifen, sowie Trommeln und verschiedene Bambusflöten.
Bugaku, die höfischen Tänze, werden von Gagaku-Musik begleitet. *DF, DGF, FL, Br, Ki, Sch*

Gaijin der oder die, -[s], -[s]
Ausländer, aus *gai*, außen, Äußeres, und *jin*, Mensch
Wer einmal in Japan war, hat sicher gehört, dass japanische Schüler oder Schülerinnen bei seinem Anblick das Wort *gaijin* ausrufen. In literarischen Übersetzungen wird das Wort oft wie ein deutsches Fremdwort gebraucht, obwohl es in den Wörterbüchern nicht enthalten ist. *Ki, Sch*

Gakuschi
Akademischer Titel, aus *gaku*, Studium, und *shi*, Mann, Krieger
Schinzinger übersetzt *gakushi* mit Bachelor, im Brockhaus ist die Übersetzung «Ehrenmann der Gelehrsamkeit» angegeben. *Br 1930, Br, Ki, Sch*

Geisha die; -, -s
gebildete Unterhalterin, aus *gei*, Kunst, und *sha*, Person
Geisha ist eins der ersten japanischen Wörter, die nach der Öffnung Japans im 19. Jahrhundert in die westlichen Sprachen über-

nommen wurden. Bekannt wurde das Wort um 1890 durch mehrere so genannte «gelbe Operetten», die in Japan (oder China) spielten, und in denen Geishas dargestellt wurden. Madame Butterfly ist ein spätes Werk aus dieser Reihe.
Eine Geisha ist eine in den traditionellen Künsten wie Musik und Tanz ausgebildete Frau, deren Aufgabe es ist, in Teehäusern Gäste zu unterhalten. Geishas sind im allgemeinen geachtete Frauen, deren Ausbildung und Ausstattung mit Kleidung und Accessoires horrend teuer ist. Heute kann sich kaum noch jemand einen Abend mit Geishaunterhaltung leisten. Es gibt auch nur noch sehr wenige Mädchen, die die langwierige Ausbildung auf sich nehmen wollen. *DF, DGF, DUW, GFL, FL, Br 1930, Br, Ki, Sch*

Genji
Name des Adelsgeschlechtes der Minamoto *Br 1930, Br*

Genji-Monogatari das; -[s]
Genji ist der Name einer der großen Samuraifamilien. Monogatari, aus *mono*, Sache, und *kataru*, erzählen, bedeutet Erzählung, Roman.
Das Genji-Monogatari ist die Geschichte des Prinzen Genji, geschrieben von Murasaki Shikibu 1004–1011. Im Genji-Monogatari werden Begebenheiten am Kaiserhof und in der höfischen Gesellschaft geschildert. *Br, Sch*

Genkan der oder das; -
Diele, Vorhaus, aus *gen*, dunkel, und *kan*, Barriere
Der Eingangsbereich Genkan ist charakteristisch für die traditionelle Bauweise japanischer Wohnhäuser. Er liegt gewöhnlich auf Straßenniveau, während die Wohnräume etwa zwei Stufen höher angelegt sind. Im Eingangsbereich werden die Schuhe ausgezogen und abgestellt. Obwohl der traditionelle Baustil heute einer modernen, westlich beeinflussten Wohnweise angepasst ist, bleibt das Genkan zumindestens andeutungsweise auch im Miet-

wohnungsbau erhalten. Übersetzer klassischer Literatur lassen oft die Erwähnung des Genkan im deutschen Text aus. *Br, Ki, Sch*

Genro der; -

Ältestenrat, aus *gen*, Anfang, früher, und *rô*, alt werden

Die Duden Fremdwörterbücher geben als Bedeutung Ältestenrat an, eine Sammelbezeichnung für ein Gremium von alten Männern, die im 19. Jahrhundert vom Kaiser als Berater eingesetzt wurden. Schinzinger spricht von einem beratenden alten Staatsmann, also einer einzelnen Person. Bei Schinzinger wird auch deutlich, dass der Begriff durchaus auf andere Zusammenhänge übertragbar ist: ein Senior der japanischen Germanistik. Bei Kimura wird ebenfalls im Singular von einem kaiserlichen Berater bzw. vom ältesten Staatsmann gesprochen. *DF, DGF, FL, Br 1930, Br, Ki, Sch*

Geta die; -, -s

Holzsandale, aus *ge*, unten, und *ta* oder *da*, Traglast

Geta sind Holzsandalen. Sie bestehen aus einer völlig ebenen hölzernen Sohle, unter der zwei gleich hohe Stege ein Abrollen des Fußes beim Gehen ermöglichen. Zwischen der großen und der zweiten Zehe verlaufen Riemchen, mit denen der Fuß gehalten wird. Es gibt nur eine Einheitsgröße für Männer bzw. Frauen.

So wie die japanische Architektur eine Einheit bildet, ist auch die traditionelle Kleidung als eine Einheit zu verstehen. Zu einem Kimono passen keine Schuhe, sondern Sandalen mit dem Riemchen zwischen den Zehen, also Geta oder Zori, zu denen dann auch besondere Strümpfe mit abgeteilter großer Zehe, Tabi, getragen werden. *DF, Br, Ki, Sch*

Ginkgo der; -s, -s

Der Ginkgo oder Ginko (Ginkgo biloba) war schon zu Goethes Zeit bekannt. Er ist botanisch eine Besonderheit, weil er eine Art Zwischenglied zwischen den Nadel- und den Laubgehölzen bildet. Auffällig sind seine fächerartigen Blätter.

In Japan ist der zweihäusige Baum unter dem Namen *ichô* bzw. *ginnan* (aus *gin*, Silber, und *nan*, Frucht), bekannt. Bei Schinzinger wird unter *ginnan* die essbare Frucht des Ginkgobaumes, die Ginkgonuss, genannt. Sie wird in Japan als Delikatesse geschätzt. Ginkgonüsse werden geröstet und mit Salz gegessen. *DF, DGF, DUW, GFL, Br 1930, Br*

Ginko siehe Ginkgo *DF*

Ginkjo siehe Ginkgo *DGF, FL, Br*

Ginza die; -
Straße und Stadtviertel in Tokyo, aus *gin*, Silber, und *za*, Ort, Sitz
Der Name der Einkaufs- Geschäftsstraße in Tokyo wird zwar in den meisten Wörterbüchern nicht verzeichnet, ist aber weit über die Grenzen Japans hinaus bekannt. *Br*

Giri das; -
Verpflichtung, Gerechtigkeit, aus *gi*, Recht, Gerechtigkeit, und *ri*, Prinzip
Giri spielt eine große Rolle im Selbstverständnis der Japaner. Die gesellschaftliche Verpflichtung sorgt dafür, dass das Ansehen des Einzelnen und die gegenseitige Achtung ausgeglichen bleiben. Dazu gehört beispielsweise, zu bestimmten Anlässen Geschenke zu machen. Jeder Japaner weiß, in welcher Situation welches Verhalten von ihm erwartet wird. *Br, Ki, Sch*

Go das; -
Brettspiel mit schwarzen und weißen Steinen für zwei Spieler
Das Spielfeld zeigt ein Gitter aus sich rechtwinklig kreuzenden Linien, auf deren Schnittpunkte die Spieler abwechselnd ihre weißen bzw. schwarzen Steine setzen. Das Ziel des Spiels ist es, die Spielsteine des Gegners so einzukreisen, dass er bewegungs-

unfähig wird. Eine bekannte Manga-Serie (Hikaru no Go) erklärt das Go-Spiel leicht verständlich (auch in Deutsch). *DF, DGF, DUW, GFL, FL, Br 1930, Br, Ki, Sch*

Gobang das; -

Go-Brett, aus *go*, Go-Spiel, und *ban*, Brett, Tafel

Gobang ist eine Variante des Go-Spiels. Das Spiel soll über das Englische ins Deutsche gekommen sein, daher fehlt in den Fremdwörterbüchern der Hinweis auf die Herkunft aus dem Japanischen. Japanisch *goban* bedeutet Nummer fünf. Das angefügte –g ist darauf zurückzuführen, dass das –n am Ende eines japanischen Wortes etwas nasaliert wird. *DGF, Br 1930, Ki (goban), Sch (goban)*

俳句

Haboku das; -s

Stil der Kalligraphie, aus *ha*, zerbrechen, zerstören, und *boku*, Tusche

Bei der Kalligraphie (Kunstschrift) wird bei diesem besonderen Stil der Duktus des Pinsels «gebrochen», so dass die Tusche teilweise auf das Papier gespritzt wird. *DGF, Sch*

Habutai der; -[s], -s

Seidenstoff, aus *ha*, Feder, Gefieder, *futae*, doppelt

Der feine, glänzende Seidentaft *habutae* ist von hoher Qualität und Schönheit. In Europa wurde er auch unter der französischen Bezeichnung Japon bekannt. In der ersten Hälfte des 20. Jahrhunderts war dieser Seidenstoff in Europa sehr begehrt. *DF, DGF, Br (Habutais), Ki (habutae), Sch (habutae)*

Hachi-Dan der; -, -

achter Dan, aus *hachi*, acht, und *dan*, Stufe, Grad

Das Fachwort aus den Budo-Sportarten gibt einen Meisterschaftsgrad an.

Es war bis zur 1990er Ausgabe im Duden verzeichnet, ist aber 1996 nicht mehr erschienen. Andere Meisterschaftsgrade waren nicht verzeichnet. Heute ist nur noch das Wort Dan enthalten. *(DF nur bis 1990), Br*

Hachimaki das; -[s], -s

Stirnband, aus *hachi*, Schüssel, Becken, und *maku*, winden, rollen

Japanische Handwerker tragen bei der Arbeit oft ein Hachimaki, ein aus einem Tuch zusammengerolltes Stirnband. Bei Volksfesten tragen meist alle Mitglieder einer Gruppe ein weißes Hachi-

maki, verziert mit dem Namen der Gruppe. In historischen Kämpfen trugen die einfachen Soldaten Hachimakis mit kämpferischen Parolen.
Obwohl das Wort in keinem der Fremdwörterbücher zu finden ist, haben wir es in unsere Liste aufgenommen, weil der Gegenstand bei uns sehr bekannt ist. *Ki, Sch*

Haikai siehe Haiku *DF, DGF, Br, Ki, Sch*

Haiku das; -[s], -s
Kurzgedicht, aus *hai*, Sport, Spiel, und *kai*, ordnen, harmonisieren
oder *hai*, Sport, Spiel und *ku*, einwickeln, Paket
In Japan stehen die beiden Formen *haiku* und *haikai* gleichberechtigt nebeneinander. In Deutschland ist die Form Haiku eher verbreitet.
Haikus zu dichten gehörte zu den beliebten Beschäftigungen am Kaiserhof. Auch der jetzige Kaiser hat wie schon sein Vater und Großvater Haikus geschrieben, die dann in der Presse veröffentlicht werden.
Japanische Dichtkunst kennt keinen Endreim. Vielmehr ist die Dichtkunst auf Rhythmus aufgebaut. Die Zahl der Silben ist festgelegt, und zwar sind es beim Haiku siebzehn Silben, verteilt auf drei Zeilen: 5-7-5. Ursprünglich hatten diese Kurzgedichte immer eine humoristische Pointe. Der berühmteste Haiku-Dichter der Vergangenheit war Bashô (Matsuo Munefusa, 1644–1694).
Im deutschsprachigen Raum gibt es Haiku-Gesellschaften, die regelmäßig deutschsprachige Haikus prämieren. *DF, DGF, Br, Ki, Sch*

Hajime (ohne grammatische Angaben)
Anfang, aus *hajimaru*, anfangen
Es sind weder Genitiv noch Pluralendungen angegeben, denn es ist nicht klar, welcher Wortart das Wort Hajime angehört.

Hajime ist im Japanischen ein sehr vielseitiges und alltägliches Wort. Auf dem Weg ins Deutsche in seiner Bedeutung erheblich eingeschränkt worden. Hier wird es ausschließlich im Zusammenhang mit den Kampfsportarten verwendet. Das DGF bringt die Erklärung: Kommando des Kampfrichters (beim Budo), mit dem er die Kämpfer auffordert, mit dem Kampf zu beginnen. In diesem Sinn entspricht es dem deutschen «Los!»
Wer in Japan war oder hier Japanern vorgestellt wird, kennt vielleicht die Formel *hajimemashite*, die etwa unserer Wendung entspricht: «Ich freue mich, Sie kennen zu lernen». *DF, DGF, Br*

Hakama der; -[s], -s
Hosenrock, aus *hakama*, Hosenrock (der japanischen Festkleidung)
In Texten kommt das Wort auch als Femininum vor.
Im Deutschen ist der Hakama vor allem durch die Sportarten Aikido und Kendo bekannt geworden.
Das Kleidungsstück Hakama ist eine weite Faltenhose oder ein Hosenrock, der in der Taille mit Bändern gebunden wird. Die Hosenbeine sind sehr weit. Entsprechend dem Anlass können sie um die Waden zusammengebunden werden, um mehr Bewegungsfreiheit zu gewähren. Vorwiegend von Männern getragen, sind *hakama*, meist schwarz und mit dem Wappen der Familie verziert, die formelle Herrenkleidung z. B. bei einer japanischen Hochzeit. Im Shinto-Schrein tragen auch die Schreinhelferinnen *hakama*, und zwar vorwiegend in roter Farbe über einem kurzen weißen Kimono. In einigen Sportarten tragen Männer wie Frauen Hakama. *DF, DGF, Br, Ki, Sch*

Hakase siehe Hakushi *Br 1931*

Hakuschi siehe Hakushi *DGF*

Hakushi der;
Gelehrter, aus *haku*, weit, frei, universell, und *shi*, Samurai, Krieger
Hakushi oder *hakase* ist in Japan ein akademischer Titel, ähnlich der Doktorwürde, aber weniger formalisiert. Sachkundige oder Gelehrte wurden mit diesem Titel angeredet. Der Terminus gilt heute als veraltet. *Br 1931, Br, Ki, Sch*

Hanabi das; -, -s
Feuerwerk, aus *hana*, Blume, und *hi*, Feuer
Die Japaner sind bekannt für besonders raffinierte und kunstvoll angelegte Feuerwerke. Bei großen Feuerwerksveranstaltungen in Deutschland werden oft japanische Feuerwerker eingeladen, ihre Kunst bei uns zu zeigen. *Br, Ki, Sch*

Hana-ike die (Plur.)
Gefäß zum Blumenstecken, aus *hana*, Blume, und *ikeru*, leben
Das Wort enthält die gleichen Schriftzeichen wie Ikebana, aber in umgekehrter Reihenfolge. Die japanischen Wörterbücher sprechen einfach von Blumenvase oder von einer japanischen Blumenvase.
Das Gefäß für Ikebana kann sehr vielfältig in Form, Material und Farbe sein. Oft ist es ein Kunstwerk für sich, mit dem die Blumen harmonieren sollen. Da die Blumen beim Ikebana mit Hilfe eines Blumenigels aufgestellt werden, kann das Gefäß, in dem sie stehen, flach oder weit offen sein.
Warum es sich laut Duden um ein Pluralwort handeln soll, ist nicht klar. Im Japanischen wird zwischen Singular und Plural nicht unterschieden, und so kann das Wort sowohl im Singular als auch im Plural verwendet werden. *DGF, Br 1931, Br, Ki, Sch*

Hanami das; -
Blumenschau, aus *hana*, Blume, und *miru*, sehen
Mit Blume ist hier vor allem die Kirschblüte gemeint.

Das Betrachten der in Blüte stehenden Bäume gehört zu den traditionellen Vergnügungen der Japaner. Im Frühjahr geht man im Park oder am Flussufer spazieren oder lagert unter blühenden Bäumen. Heute wird diese Gepflogenheit von vielen großen Unternehmen als eine Art Betriebsausflug gefeiert. Die Medien veröffentlichen den jeweiligen Stand der Baumblüte, die langsam von Süd- nach Nordjapan wandert. Zur Zeit der Baumblüte kommt es vor, dass Züge auf weniger befahrenen Strecken einen Zwischenhalt auf offener Strecke einlegen, um den Fahrgästen Gelegenheit zur Bewunderung blühender Bäume zu geben.
In der klassischen Literatur wird sehr oft von *hanami* erzählt, aber die Übersetzer umschreiben das Ereignis lieber, während sie andererseits keine Scheu haben, die Wörter Furoshiki oder Miai wie ein deutsches Fremdwort in den deutschen Text zu übernehmen. *Ki, Sch*

Hanamichi der; -, -[s]
Blumensteg, aus *hana*, Blume und *michi*, Weg
Der Hanamichi ist eine Besonderheit des Kabuki-Theaters. Ein Steg auf Bühnenniveau, der durch den Zuschauerraum führt, ermöglicht Auftritte und Abgänge durch das Publikum. Wichtige Szenen können sich auf dem Hanamichi abspielen. *Br, Ki, Sch*

Haniwa die (Plur.)
archaische Tonfigur, aus *hani*, Ton, Lehm, und *wa*, drehen, Rad
Haniwa-Tonfiguren, einige in Menschengestalt, andere in der Form von Häusern, Tieren oder Wagen, wurden als Grabbeigaben des 4.–7. Jahrhunderts gefunden. Sie gelten als frühe künstlerische Zeugnisse und zeigen sehr detailgetreu Kleidung, Rüstung, Zaumzeug und andere Artefakte aus der Frühgeschichte Japans. Möglicherweise wurden sie an Stelle von Menschenopfern verwendet.
In Texten wird das Wort auch im Neutrum gebraucht. *DGF, Br, Ki, Sch*

Hanko das; -[s]

Siegel, Stempel, aus *han*, Druck, und *ko*, (Nominalendung)

Das Hanko hat in Japan ähnliche Gültigkeit wie eine Unterschrift bei uns. Ein von einem Steinschneider individuell gestaltetes Hanko ist fälschungssicher. Heute werden die kleinen Stempel auch aus vorgefertigten Schriftzeichen zusammengesetzt. Die Stempelfarbe ist rot. *Br, Ki, Sch*

Hansoku-Make das; -, -

Disqualifikation, aus *han*, verstoßen, *soku*, Regel, *make*, Verlust

Hansoku-Make, «Verlieren aufgrund eines Regelverstoßes» gehört in den Bereich der aus Japan gekommenen Budo-Sportarten. *DGF, Ki (nur hansoku) Sch (nur hansoku)*

Haori der; -[s], -s

Überwurf, aus *ha*, Feder, Gefieder, und *oru*, weben

Ein Haori ist ein Kleidungsstück, das über dem Kimono getragen wird. Es ist oft aus einer Art Gaze gefertigt und durchscheinend, es kann aber auch wattiert sein. Es ist halblang, d. h. es bedeckt den Körper und die Oberschenkel. *DF, DGF, DUW, Br, Ki, Sch*

Hara die; -

Ebene, Landfläche, aus *hara*, Steppe

Hara ist ein in Japan häufig vorkommender natürlicher Lebensraum, eine ebene Landfläche in 500–1500 m über NN, die mit Sträuchern, Kräutern und Gräsern bewachsen ist. Für Japaner hat diese Wildnis eine ähnliche emotionale Komponente wie der Wald in der deutschen Romantik. *DGF, Br 1931, Br, Ki, Sch*

Harakiri das; -[s], -s

Selbstmord durch Bauchaufschlitzen, aus *hara*, Bauch, und *kiru*, schneiden

In Japan wird der rituelle Selbstmord, der zu den ritterlichen Tugenden der Samurai gehört, nicht Harakiri, sondern Seppuku genannt, eine Aussprachevariante der gleichen Schriftzeichen. So

weisen auch alle Wörterbücher, sowohl die deutschen wie auch die japanischen, auf die Aussprache Seppuku hin. Schinzinger übersetzt *harakiri* mit Harakiri.
Ins Englische kam das Wort Harakiri vermutlich durch Kawakami Otojiro, einen japanischen Schauspieler und Agitator, der um die Wende vom 19. zum 20. Jahrhundert mit einer Theatertruppe durch Amerika und Europa zog und «japanisches Theater» aufführte. Bei der Weltausstellung in Paris hatte er ungeheuren Erfolg. Eins der von ihm selbst geschriebenen Stücke war «Harakiri». Es zeigte eine sehr blutrünstige Szene mit wenig Handlung und viel Theaterblut. Die Europäer waren so beeindruckt, dass sie Kawakami und seine Frau Sada Yakko zwei weitere Male nach Amerika und Europa einluden. In Japan ist Kawakami heute kaum noch bekannt. *DF, DGF, DUW, GFL, FL, Br 1931, Br, Ki, Sch*

Hatamoto der; -s, -s
Gefolgsmann, aus *hata*, Fahne, Seidenfahne, und *moto*, Fuß, Boden
Hatamoto ist ein Begriff aus der Feudalzeit. Er bezeichnet einen direkten Gefolgsmann des Shogun. Der Titel wurde als Auszeichnung gegenüber den gewöhnlichen Samurai verstanden. Durch die Fernsehserie «Shogun» ist das Wort zeitweise sehr bekannt geworden, ist aber in den Duden-Wörterbüchern nicht verzeichnet. *Br, Ki, Sch*

Heian-Jidai
Heian-Zeit, aus *heian*, Frieden, und *jidai*, Zeitalter, Epoche
Die Heian-Zeit (794–1185) ist nach der damaligen Hauptstadt, Heiankyo (heute Kyoto) benannt. Davor, von 710 bis 784, war Nara die Hauptstadt Japans.
In Texten über Japan und in Übersetzungen wird sehr oft von den verschiedenen Zeitaltern in Japan, z. B. Tokugawa-jidai, Meiji-jidai, gesprochen. Die deutschen Fremdwörterbücher haben diese Bezeichnungen jedoch nicht registriert. *Br, Sch*

Heike (Eigenname)
Einer der großen Familienclans aus der Feudalzeit (siehe auch Genji)
Der Heike-Clan (Familienname Taira) war in der Heian-Zeit (794–1185) der vorherrschende Familienverband in Japan. Er wurde durch den Genji-Clan abgelöst, als Minamoto no Yoritomo die Oberhand gewann und vom Kaiser zum Schogun (Militärherrscher) ernannt wurde.
Ein japanisches Sprichwort sagt: Wer einen Heike besiegen will, muss selbst ein Heike sein. Damit wird ausgedrückt, dass der Name des Clans nicht nur ein Name ist, sondern auch Macht und Stärke beinhaltet. *Br*

Heike-Monogatari das; -
Aus *Heike*, Name eines Clans, und *monogatari*, Roman, Erzählung
Das Heike-Monogatari ist eine frühe Erzählung über die Kämpfe zwischen den beiden Familienclans Heike bzw. Taira und Genji bzw. Minamoto im 12. Jahrhundert. *Br*

Heisei
Regierungszeit des Kaisers Akihito, aus *hei*, Frieden, und *sei*, werden; meist übersetzt mit «Frieden schaffen»
Zwar richten sich die Japaner heute auch nach dem gregorianischen Kalender, aber die Regierungszeit eines Kaisers wird noch immer nach der traditionellen Zeitrechnung benannt. Jeder Kaiser wählt für seine Regentschaft ein Motto. Die Regierung von Kaiser Hirohito dauerte über 60 Jahre und stand unter dem Motto Showa, aufgeklärter Frieden. Sein Sohn Akihito stellte seine Regentschaft unter das Motto Heisei mit ähnlicher Bedeutung. *Br*

Hiakin siehe Hiyakin *Br 1931*

Hibachi der oder das; -[s], -s

Feuerbecken, aus *hi*, Feuer, und *hachi*, Schüssel, Becken

Das Geschlecht ist unklar. Schinzinger klassifiziert das Wort als Neutrum, auch in Texten wird es oft im Neutrum gebraucht. Im Duden ist nur Maskulin angegeben.

Im traditionellen japanischen Haus gab es keine Heizung. Die Sorge der Japaner galt eher der Sommerhitze, gegen die man sich nicht durch Kleidung schützen konnte. Ein transportables Becken, in dem Holzkohle glühte, war die einzige Wärmequelle im Winter.

Heute sind Hibachis begehrte Antiquitäten. Das Schriftzeichen für *hachi*, Becken, enthält einen Hinweis auf Metall. Tatsächlich bestehen viele Hibachis aus Gusseisen oder aus einer innen mit Metall ausgeschlagenen Holzkiste. Andere Hibachis sind aus Keramik oder Porzellan. *DGF, Br, Ki, Sch*

Hikari der; -, -s

Name eines Superschnellzugs, aus *hikari*, Licht

Die Züge des Shinkansen, der Superexpresslinie, wurden zur genaueren Unterscheidung mit Namen bezeichnet. Der schnellste Zug, der zwischen Tokyo und Osaka nur einen Haltepunkt anlief, bekam den Namen Hikari, Licht. *Br, Ki, Sch*

Hikiwake das; -s, -[s]

Unentschieden, aus *hiku*, ziehen, abziehen und *wake*, Teil, Anteil

Hikiwake wird in Japan bei allen Sportarten gebraucht, beim Judo ebenso wie beim Tennis oder Fußball. Im Deutschen ist es dagegen nur in den Budo-Sportarten gebräuchlich.

Die japanischen Wörterbücher verzeichnen das Kompositum nicht, sondern nur die einzelnen Bestandteile. *DGF*

Hinamatsuri

Puppenfest, aus *hina*, (kleine) Puppe, und *matsuri*, Fest

Im Jahreslauf werden in Japan traditionelle Feste gefeiert, die das Kaiserhaus oder das Leben der Samurai als Vorbilder hinstellen.

Dazu gehören das Hinamatsuri, das Puppenfest für Mädchen, und kodomo no hi, das Fest der Knaben.
Zum Hinamatsuri wird im Haus eine mit rotem Filz bezogene Stufenbühne aufgestellt, auf der Puppen in Form von Kaiser und Kaiserin mit ihrem Hofstaat aufgestellt werden. Die Puppen sind oft sehr kostbar. Sie sind nicht zum Spielen gedacht, sondern werden nur als Ausstellungsstücke verwendet. Sie gehören den Töchtern des Hauses und werden in der weiblichen Linie vererbt. Zu dem Fest bekommen die Kinder besondere Süßigkeiten. *Ki, Sch*

Hinomaru
Sonnenball, aus *hi*, Sonne, und *maru*, Kreis, Rund
Die japanische Nationalflagge zeigt ein weißes Feld mit einem roten Sonnenball in der Mitte. Dieses Sonnenbanner wird auch Hinomaru genannt. Im aktuellen Brockhaus ist das Wort nicht mehr enthalten, ebenso wie Dainippon.
Während wir meinen, die Sonne sei gelb oder golden, sind die Japaner überzeugt, dass sie rot ist.
Schinzinger spricht von der japanischen Flagge, Kimura übersetzt es als Sonnenrund und verweist auch auf die Landesflagge. *Br 1931, Ki, Sch*

Hiradoporzellan
Der Name kommt von der Insel Hirado, auf der das Porzellan seit 1712 gefertigt wurde. Es zeichnet sich durch besonders feine Porzellanqualität aus. Es ist auch unter der Bezeichnung Mikochiporzellan bekannt. *Br 1931*

Hiragana das; -[s] oder die, -
Silbenschrift, aus *hira*, flach, glatt, einfach, und *kana*, Silbenzeichen
Hier lässt der Duden zwei Geschlechter zu.
Das japanische Schriftsystem ist eine gemischte Schrift aus chinesischen Schriftzeichen, die japanisch Kanji genannt werden, und einer nur in Japan gebräuchlichen Silbenschrift. Die japanische

Sprache ist auf einem System sehr einfacher Silben aufgebaut, die jeweils einen konsonantischen Anlaut und einen vokalischen Auslaut haben. Dadurch kommt das Silbenrepertoire mit nur knapp 50 Silbenzeichen aus (das Chinesische hat über 500 Silben, im Deutschen ist die Zahl der möglichen Silben unbegrenzt).

Das Chinesische ist eine isolierende Sprache. Chinesische Wörter sind nicht flektierbar. Daher kann das Chinesische mit den starren und unveränderbaren chinesischen Schriftzeichen allein auskommen. Das Japanische als agglutinierende Sprache kann das nicht, weil auf diese Weise nur Wörter mit lexikalischer Bedeutung ausgedrückt werden können, aber keine Endungen oder Partikel.

Deshalb wurden im 6. und 7. Jahrhundert die Silbenschriften Hiragana und Katakana entwickelt. Mit den Hiragana-Zeichen werden die grammatischen Veränderungen der Wörter geschrieben, so dass Vergangenheit, Modalverben oder die Fälle schriftlich ausgedrückt werden können.

Die Hiragana-Schrift lässt sich im Schriftbild japanischer Texte leicht erkennen. Sie wirkt rund und leicht im Vergleich zu den eher eckigen Katakana und den oft komplizierten quadratischen Kanji.

Im Grunde könnte man auf alle Kanji verzichten und einen Text ausschließlich in Hiragana schreiben. Der wäre dann aber wesentlich schwerer zu lesen als ein durch Kanji gegliederter Text. Japanische Kinderbücher sind ganz in Hiragana geschrieben, und erst im Verlauf der Schulzeit lernen die Kinder stetig Kanji hinzu. *DF, DGF, GFL, FL, Br 1931, Br, Ki, Sch*

Hiramakie das; -

Lackmalerei, aus *hira*, flach, *makie* Lackbild

Hiramakie ist eine besondere Technik der Lackmalerei, bei der Goldstaub auf die noch nicht verfestigte Lackschicht aufgestreut wird. *Br 1931*

Hiyakin das; – (meist Plural)
Gewichtseinheit *Br 1931*

Hizenporzellan das;
Hizen nach der gleichnamigen Provinz
Japanisches Porzellan des 17. und 18. Jahrhunderts, meist in Arita (Aritaporzellan) in der Provinz Hizen auf Kyushu, der südlichsten Insel Japans, gefertigt, aber gewöhnlich nach dem Ausfuhrhafen benannt. Siehe auch Aritaporzellan, Imariporzellan. *FL, Br*

Hokkaido
Name der nördlichen Insel Japans, aus *hoku*, Norden, *kai*, Meer, und *dô*, Erde
Die nördlichste der vier Hauptinseln Japans ist erst 1869 in das Staatsgebiet einbezogen worden. Auf Hokkaido hatten sich die Ureinwohner, die Ainu, zurückgezogen. In der Schlacht von Hirosaki wurden die Ainu zurückgedrängt. Heute gibt es nur noch wenige Ainu auf Hokkaido. In Sapporo, der Provinzhauptstadt, fanden 1972 olympische Winterspiele statt. *Br 1931, Br, Ki*

Hokke-shu siehe Nichiren-Sekte, bei Schinzinger auch Lotos-Sekte genannt. *Br 1931, Ki, Sch*

Hokku das; -[s], -s Vgl Haikai
Kurzgedicht, aus *hatsu*, anfangen, und *ku*, einwickeln, Paket
Haikai, Haiku oder Hokku sind drei Bezeichnungen für das siebzehnsilbige japanische Gedicht, ursprünglich mit humoristischer Pointe.
Bei Schinzinger wird darauf hingewiesen, dass ein Hokku ursprünglich der Einleitungsvers eines längeren Gedichtes war. *DF, DGF, Br, Ki, Sch*

Hondo das; -s
Hauptinsel Japans, aus *hon*, Haupt-, und *dô*, Erde

Kimura erklärt das Wort mit dem deutschen Fremdwort Hondo. Auch Honshu wird bei Schinzinger als Hondo erklärt. *Br 1931, Br, Ki, Sch*

Honne das; -
wahre Meinung, aus *hon*, Ursprung, echt, und *ne*, Ton, Stimme
Honne bildet den einen Pol des Begriffspaares *honne* und *tatemae*. Die beiden Wörter bezeichnen das öffentliche Selbst, *tatemae*, auf der einen Seite, und das Private, das Persönliche, *honne*, auf der anderen. Honne heißt demnach, seine eigene Meinung äußern. Japaner unterscheiden sehr differenziert zwischen offiziellem Anlass, bei dem man die Meinung äußert, die von einer Person in dieser Situation erwartet wird, und dem privaten Gespräch, bei dem man sagt, was man denkt. *Ki, Sch*

Honshu das; -s
Hauptinsel Japans, siehe Hondo *Br, Ki, Sch*

Ho-o der; -, s
Glückbringender Vogel, Phönix
In China galt der Phönix als Symbol der Kaiserin. *Br 1931, Br, Ki, Sch*

Horyuji der; -
Ältester buddhistischer Tempel in Japan, südwestlich von Nara gelegen. Shotoku Taishi soll im 6. Jahrhundert mit seinem Bau begonnen haben. *Br 1931, Br*

Hotei der;
Gott der Zufriedenheit, aus *fu*, Leinen, und *tei*, Sack
Hotei ist einer der sieben Glücksgötter (Shichifukujin). Er schenkt den Menschen Glück und Zufriedenheit. Er gilt als Kinderfreund. Auf dem Rücken trägt er einen Sack. Er ist an seinem dicken Bauch zu erkennen, der auf bildlichen Darstellungen immer nackt zu sehen ist.

Er soll auf eine historische Figur zurückgehen, einen Wandermönch, der im 6. Jahrhundert gelebt hat. *Br 1931, Br, Ki, Sch*

Hotoke der; -
Japanisches Wort für Buddha. In Sprichwörtern kommt dieser Name häufig vor, ähnlich wie in christlicher Umgebung oft «der liebe Gott» genannt wird. *Ki, Sch*

Huzi siehe Fuji-san *Br*

生花

Igo das; -
Go-Spiel, aus *kakomu*, umgeben, einschließen, und *go*, das Go-Spiel
Gleichbedeutend mit *go*. *DF, DGF, GFL, Br, Ki, Sch*

Ijime das; -s
Mobbing, aus *ijimeru*, quälen, plagen, belästigen
Ijime ist eine Erscheinung, die sich seit den achtziger Jahren des 20. Jahrhunderts zunächst in den Schulen bemerkbar machte. Kinder quälten ihre Mitschüler, die aus irgendwelchen Gründen als Außenseiter angesehen wurden. Später griffen die Quälereien durch ältere Schüler auch auf Lehrer über. *Br, Ki, Sch*

Ikebana das; -[s],
Blumenarrangement, aus *ike*, leben, und *hana*, Blume
Ikebana ist die japanische Kunst, Blumen als Gesteck zu arrangieren. Dabei gibt es feste Regeln, nach denen man sich richtet. Es gibt verschiedene Schulen des Ikebana, die jeweils von einem Meister geleitet werden. In Ausstellungen werden oft die besten Gestecke der Öffentlichkeit präsentiert. Vor allem Frauen besuchen Kurse, um sich in dieser Kunst weiterzubilden. Manche Firmen veranstalten für ihre Angestellten nach Feierabend Ikebana-Kurse. *DF, DGF, DUW, GFL, Br, Ki, Sch*

Ikenobu das; -
älteste Form der japanischen Blumenbindekunst *FL*

Imariporzellan das; -s
Imari ist ein Hafen auf der Insel Kyushu, von dem aus Anfang des 20. Jahrhunderts Porzellanwaren nach Europa und Amerika

verschifft wurden. Der Name des Ausfuhrhafens ist hier mit den inzwischen als Antiquitäten von hohem Sammlerwert gehandelten Stücken verbunden worden. Siehe Aritaporzellan, Hizen-Porzellan *DF, DGF, FL, Br 1931, Br 1931, Br, Ki, Sch (imariyaki)*

Inari

Reisgott in Gestalt eines alten, bärtigen Mannes, der auf einem Fuchs reitet. Vor den Schreinen dieses Shinto-Gottes sind gewöhnlich zwei steinerne Füchse aufgestellt. *Br 1931, Br*

Inro das; -s, -s

Medizindöschen, aus *in*, Siegel, Druck, und *rô*, Korb, Kasten
Die kleinen Medizinbüchsen wurden traditionell von Männern am Kimonogürtel getragen. Der Kimono hat keine Taschen. Wollte man Gegenstände bei sich tragen, konnte man sie in die weiten Ärmel oder in den Ausschnitt stecken, der links über rechts getragen wurde, so dass man mit der rechten Hand bequem in den Ausschnitt greifen konnte. Kleine Gegenstände wie ein Siegel oder ein Medizindöschen konnten dort allerdings leicht verloren gehen, deswegen wurden sie mit einem Band versehen und am schmalen Gürtel des Männerkimonos befestigt.
Frauen hatten zwar auch die Möglichkeit, beispielsweise ein Tüchlein oder Papier (chirigami) im Ausschnitt oder im Ärmel zu tragen, aber sie konnten kleine Gegenstände auch direkt unter den breiten, fest geschnürten Gürtel (Obi) stecken, wo sie nicht verloren gehen konnten.
Ins Deutsche kam das Wort Inro, weil die kleinen Büchsen, ähnlich wie Netsuke, als Kunstwerke und Sammelobjekte sehr begehrt sind. *DF, DGF, FL, Br 1931, Br, Ki, Sch*

Ippon der; -[s], -[s]

Punkt, Streich, Schlag, aus *ichi*, eins, und *hon*, länglich
Hon ist das Zählwort für lange, dünne Gegenstände, beispielsweise Bleistifte oder Zigaretten. Die Punkte in einem Spiel wurden traditionell durch kleine Bambusstäbe gezählt, die jeweils

dem Gewinner zugerechnet wurden. Heute gilt Ippon als die kampfentscheidende Wertung im Judo. *DGF, GFL*

Ise

Einer der Hauptschreine des Shinto, in der Provinz Kii gelegen. Der Schrein wird alle 20 Jahre neu errichtet. *Br 1931, Br*

Ise-Monogatari

Eins der frühen literarischen Zeugnisse Japans *Br*

Itai-Itai-Krankheit die, -

Knochenkrankheit durch Umweltschädigung, aus *itai*, schmerzhaft

Im Jahr 1956 erkrankten viele Menschen in der Gegend um Toyama an der Ostküste von Honshu. Die chronische Krankheit war durch Verunreinigung des Trinkwassers mit Kadmium verursacht worden. Sie traf hauptsächlich Frauen und verlief äußerst schmerzhaft.

Die Duden-Ausgaben von 1983 und 1990 enthielten das Wort noch, aber in der Ausgabe von 1997 ist es getilgt worden. Im Großen Fremdwörterbuch erscheint es auch noch 2000. *DGF, Br 1931, Br*

Iwatake

eine Flechtenart. Gyrophora *Br 1931*

地震

Jaki siehe Yaki *FL*

Japan –s
aus chinesisch *ri*, Sonne, und chinesisch *ben*, Ursprung
Japan wird das Land der aufgehenden Sonne genannt, eine Bezeichnung, die aus China stammt. Von China aus gesehen liegt Japan im Osten, d. h. da, wo die Sonne aufgeht. Die Japaner lesen die Schriftzeichen Sonne und Ursprung *nihon* oder *nippon*.
In den japanischen Wörterbüchern sucht man deshalb das Wort Japan oder die von ihm abgeleiteten Wörter vergeblich.
Marco Polo sprach noch von Zipangu, wenn er die japanischen Inseln meinte. Die Bezeichnung Japan ist seit dem 16. Jahrhundert in Europa gebräuchlich. *DUW, GFL, Br 1931, Br*

Japaner der; -s,-
Die Bewohner Japans werden noch nicht lange Japaner genannt. Heyse schreibt in seinem Wörterbuch von 1901, Japan sei «ein Staat und Kaiserthum in Ostasien; die Bewohner desselben heißen Japaneser oder Japáne». Im Duden orthographischen Wörterbuch von 1903 steht, Japaner und japanisch sei besser als Japanese und japanesisch. Im Duden von 1926 steht zuerst Japaner, danach aber auch Japanese. Im Duden von 1961 heißt es dann: Japanese (veraltet für Japaner). In den Fremdwörterbüchern ab 1981 steht nur noch: Japaner. *DUW, GFL, Hey, Br 1931*

Japaner der
zweirädriger Kippkübel zum Betontransport (nach dem ostasiatischen Volk)
In der Baubranche ist diese Bezeichnung sehr gebräuchlich. In Japan waren diese Maschinen für die Bebauung von kleinen

landwirtschaftlichen Flächen an Steilhängen entwickelt worden. *FL*

Japanerin die; -, -nen
Sobald eine Form sich durchgesetzt hat, kann die Wortbildung weitergehen. Die männliche Form mit der Endung -er läßt sich problemlos in die weibliche Form mit der Endung -in verwandeln. Damit ist auch die Pluralbildung vorgegeben. *DUW*

japanisch
Japan betreffend *DUW*

Japanisch
die japanische Sprache. Das Japanische oder im Japanischen. *DUW*

Japanologe der; -n, -n
Wissenschaftler, der sich mit Japan befasst. *DF, DGF, DUW, GFL, FL, Br 1931, Br*

Japanologie die; -
Wissenschaft, die sich mit Japan befasst, Japanforschung, Japankunde *DF, DGF, DUW, GFL, FL. Br 1931, Br*

Japanologin die; -, -nen
Weibliche Form von Japanologe *DF, DGF, DUW*

japanologisch
Die Japanologie betreffend *DF, DGF, DUW, Br*

Japanemail
unechter Japanlack
In der heutigen Zeit ist kaum noch verständlich, was mit unechtem Japanlack bzw. mit Japanemail (Emaille) gemeint ist. Das Wort ist auch in den modernen Wörterbüchern nicht mehr ent-

halten. In der Zeit der Begeisterung für japanische Kunstgegenstände Anfang bis Mitte des 20. Jahrhunderts kamen viele Fachwörter im Zusammenhang mit Kunstsammlungen ins Deutsche. Sie sind aber inzwischen wieder aus dem Sprachgebrauch verschwunden und nur noch einem kleinen Kreis von Sachverständigen geläufig. Unter Japanemail verstand man auch eine Art von Porzellanglasur. *Br 1931, Br*

Japankäfer
Japilia Japonica, aus Japan stammender grün-brauner Blatthornkäfer, Schädling. *Br*

Japanknolle
essbare Bodenfrucht des Ziest, Stachys affinis, auch japanische Kartoffel genannt. *Br 1931, Br*

Japanlack
milchiger Saft des japanischen Lackbaumes, Rhus vernicifera, der mit dem Essigbaum verwandt ist. Der Milchsaft bildet einen sehr widerstandsfähigen, klaren Überzug, den Japanlack. *Br 1931, Br*

Japanleder
Der Brockhaus von 1931 erklärt, dass dieses äußerst reißfeste Leder ausschließlich in Jakagimura ohne Verwendung von Gerbstoffen hergestellt wird. In späteren Ausgaben ist das Wort nicht mehr enthalten. *Br 1931*

Japanleim
Der Brockhaus erklärt, dass es sich dabei um einen Klebstoff aus alkalischer Kartoffelstärke handelt, der auch unter dem Namen Javaleim bekannt ist. *Br 1931*

Japanmatten siehe Tatami *Br 1931*

Japanpapier das
weiches Papier, in dem Pflanzenfasern eine erkennbare Struktur bilden; handgeschöpftes Papier aus Maulbeerbaumbastfasern für Luxusdrucke
In den älteren Fremdwörterbüchern ist dieses Nomen unter dem Stichwort Japan eingeordnet. Seit 1997 ist es im DF nicht mehr enthalten.
In den japanischen Wörterbüchrn ist unter *washi* die Bedeutung Japanpapier, handgeschöpftes japanisches Papier, angegeben. Der neue Brockhaus gibt als Bedeutung «das chinesische Papier» an.
DGF, DUW, FL Br 1931, Br

Japanseide die
Das DUW gibt bei diesem Stichwort zwei Bedeutungen an: a) feines, sehr dichtes u. gleichmäßiges Seidengewebe in Taftbindung (für Blusen, Kleider, Lampenschirme) b) feiner Seidenfaden, aus dem die Japanseide (a) gewebt wird.
Im Brockhaus wird darauf hingewiesen, dass die Struktur der Japanseide durch die Verwendung von Kettfäden aus Organsinseide und Schussfäden aus Trameseide in unterschiedlicher Stärke eine Streifenbildung erkennen läßt. *DUW, Br 1931, Br*

Japantalg siehe Japanwachs *Br 1931*

Japanwachs das:
aus japanischen und kalifornischen Sumachfrüchten gewonnenes Wachs für Schuhcreme, Kerzen u. a. *GFL, Br 1931*

Japs der; -es, seltener –en, -e, seltener –en
(ugs. abwertend) Japaner *DUW*

Japon der; -[s], -s
Gewebe in Taftbindung aus Japanseide. Die Wörterbücher weisen darauf hin, dass es sich um das französische Wort für Japan handelt. *DF, DGF, FL, Br 1931, Br*

japonieren

Porzellan nach japanischer Art formen und bemalen. In der Fachliteratur wird unter japonieren auch die Bearbeitung von Holz oder Bambus mit einer bestimmten Art Firnis beschrieben (siehe Japanlack).

Dieses Wort, das ebenso wenig japanischen Ursprungs ist wie das Wort Japan selbst, ist schon bei Heyse (1901) zu finden. Da wird es noch japoniren geschrieben. Im DGF ist es unter dem Stichwort Japon aufgeführt und wird als veraltet bezeichnet. *DGF, Hey, Br*

Japonismus der; -, ...men

In der Zeit um die Jahrhundertwende vom 19. zum 20. Jahrhundert (Jugendstil) gab es eine Reihe von westlichen, vor allem französischen Künstlern, deren Malstil von der japanischen Kunst beeinflusst war. Auch das Kunstgewerbe bediente sich japanischer Elemente. Die gesamte Strömung wird Japonismus genannt. Im FL wird Japonismus erklärt als Nachbildung ostasiatischer (besonders japanischer) Erzeugnisse der Porzellankunst. *DGF, FL, Br*

Jedo siehe Jeddo *Br 1931, Br*

Jen siehe Yen *DF, DGF, FL, Br 1931, Br*

Ji-Jitsu siehe Ju-Jutsu *Br*

Jinrikischa die; -, -s, auch Jinriksha

Rikscha, aus *jin*, Mensch, *riki*, Kraft, und *sha* Wagen, Rad

Die westliche Welt hat den ersten Teil des Wortes weggelassen. Im Japanischen heißt das Gefährt, das wir unter dem Namen Rikscha kennen, *jinrikisha*. *DGF, GFL, Br 1931, Br, Ki, Sch*

Jinja der; -s, -s

Shinto-Schrein, aus *jin*, Gottheit, und *sha*, Gemeinde

Shinto-Schreine unterscheiden sich von den buddhistischen Tempeln durch ihre Bauweise und Funktion. *Br, Ki, Sch*

Jinrikscha siehe Rikscha *DGF, GFL*

Jishin

Erdbeben, aus *ji*, Erde, und *shin*, beben

Eine der großen Naturgewalten, die Japan immer wieder heimsuchen, sind tektonische Beben. Japan liegt auf der Grenze zwischen der größten Landmasse der Erde, Asien, und dem größten Ozean, dem Pazifik. Daher ist das Land extrem erdbebengefährdet. Das letzte größere Beben ereignete sich 1995 in Kobe, wo mehr als 5000 Menschen ihr Leben verloren. *Br, Ki, Sch*

Jiu-Jitsu siehe Ju-Jutsu *DF, DGF, DUW, GFL, FL*

Jiyuto

Freiheitspartei, aus *jiyû*, Freiheit, und *tô*, Partei

Die Tradition der liberalen Partei in Japan geht auf die Meiji-Zeit zurück. Sie wurde 1881 gegründet. Nach wechselvoller Geschichte wurde sie 1945 neu gegründet. *Br 1931, Br, Ki*

Jizo

Jizô ist ein Boddhisattwa, einer der buddhistischen Heiligen, der Schutzpatron der Reisenden und der früh verstorbenen Kinder. Statuen des Jizo sind bei vielen Tempeln zu finden, oft aber auch am Wegrand, wo sie von den Vorbeigehenden angerufen werden. Da in Japan lange Zeit keine empfängnisverhütenden Medikamente erlaubt waren, sahen sich viele Frauen zur Abtreibung gezwungen. Jizo als Beschützer der toten Kinder auf ihrem beschwerlichen Weg ins Jenseits bietet für viele Frauen einen Trost. In manchen Tempeln sind Hunderte kleiner Jizo-Statuen für die Seelen der abgetriebenen Foeten aufgestellt. *Br 1931, Br, Ki, Sch*

Jo das; -s
Längenmaß, *jô* (1 jo = 3,03 m)
Das Maß ist heute veraltet. In Japan wird metrisch gemessen. In der Literatur begegnet man aber immer wieder den traditionellen Maßen Jo, Shaku etc. *Br, Ki, Sch*

Jodo das; -
Das Reine Land (im Buddhismus), aus *jô*, rein, klar, und *do*, Erde, Land
Die Idee von einem Nirwana, einer Nicht-Existenz als Erlösung aus der Kette der Wiedergeburten, die bis heute dem Zen-Buddhismus zu Grunde liegt, ist sehr abstrakt und für das gläubige Volk nicht fassbar, so dass sich in den verschiedenen Glaubensrichtungen des Buddhismus eine Vorstellung von einem Paradies entwickelt hat. Die Jodo-Shinshu, eine der buddhistischen Richtungen in Japan, hat diese Vorstellung besonders ausgestaltet.
Der Duden bleibt bis in die modernen Ausgaben bei der Schreibweise Dschodo, bei der international üblichen Schreibweise Jodo ist dagegen nur ein Verweis auf Dschodo zu finden. *DF, DGF, Br 1931, Br, Ki, Sch*

Jokohama siehe Yokohama *Br 1931, Br*

Jomonkultur die; -
Schnurkeramik der Frühzeit, aus *jô*, Schnur, und *mon*, Kultur
Die Jomon-Kultur (ca. 8000–400 vor Chr.) ist vor allem durch keramische Artefakte bekannt geworden. Vor allem Gefäße mit einer Verzierung aus schnurähnlichen Motiven sind bei Ausgrabungen gefunden worden. *DGF, Sch*

Joruri das; -[s]
Puppenspiel, (Bunraku) nach der Titelgestalt einer Liebesgeschichte
Die Geschichte von Prinzessin *Jôruri* ist ein Nagauta, ein balla-

denartiger Gesang mit Samisen-Begleitung, der Anfang des 17. Jahrhunderts sehr populär war. Das Puppenspiel bediente sich dieser Art des Rezitativs, um die stummen Puppen auf der Bühne lebendig werden zu lassen. Der Name der Titelheldin, *Jôruri*, wird synonym für das gesamte Puppenspiel gebraucht. *DF, DGF, Br 1931, Br, Ki, Sch*

Joseki das; -s, -s
Eröffnung beim Go, aus *jô*, Regel, und *seki*, Stein
Die Regeln des Go-Spiels sehen eine Reihe von Möglichkeiten zur Eröffnung des Spiels vor. Beim Joseki wird in einer Ecke des Spielfeldes begonnen. Kimura gibt «strategische Regel beim Go oder beim (japan.) Schach» an. *DGF, GFL, Ki, Sch*

Judo das; -[s]
Selbstverteidigungssport, aus *jû*, sanft, und *dô*, Weg
Die deutschen Wörterbücher erklären Judo als Ju-Jutsu oder auch Jiu-Jitsu. Das erste Schriftzeichen, *jû*, bedeutet *sanft*. *Dô* bedeutet Weg, ein Suffix, das auch bei Sado, Teeweg, Kado, Blumenweg, Kendo, Weg des Schwertes, oder Shinto, Weg der Götter enthalten ist. Der sanfte Weg, *jûdô*, oder die sanfte Kunst, *jû-jutsu*.
Rose-Innes erklärt unter beiden Stichwörtern: Eine japanische Form des Ringens. Kimura spricht von der Kunst der Selbstverteidigung.
Die Bezeichnung Jujutsu ist schon in der Feudalzeit für diese Kampfkunst gebraucht worden. Damals war das Ziel des Kampfes, den Gegner zu töten. Das Judo wurde Ende des 19. Jahrhunderts aus dem Jujutsu entwikelt. Im Judo sind keine gefährlichen Griffe erlaubt. Der Gegner soll nicht getötet, sondern nur kampfunfähig gemacht werden. Atemübungen, Fallübungen, Griffe und Würfe sind die wichtigsten Techniken, die im Judo geübt werden.
Alle Budo-Sportarten lehren keine reinen Kampftechniken, sondern sind Ausdruck einer Ethik, die auf die Beherrschung des

eigenen Körpers und Geistes aufbaut. *DF, DGF, DUW, GFL, FL, Br, Ki, Sch*

Judogi der; -
Kleidung der Judo-Sportler, aus *jûdô* und *kiru*, anziehen
Die Kampfbekleidung beim Judo besteht aus einem kurzen weißen Kimono und einer langen Hose. Der Kimono hat keinen Verschluß, sondern wird von einem Gürtelband gehalten, an dessen Farbe man den Meistergrad des Kämpfers ablesen kann (siehe Dan) *DGF, GFL*

Judoka der; -[s], -[s]
Der Judosportler, aus *jûdô* und *ka* (Personalendung) *DF, DGF, DUW, GFL, FL*

Judoka die; -, -[s]
Wie bei anderen Sportarten ist in den deutschen Fremdwörterbüchern jeweils die weibliche Form gesondert aufgeführt. Die japanische Grammatik kennt keinen Unterschied zwischen männlichem und weiblichem Geschlecht. *DF, DUW, Br*

Ju-Jutsu das; -[s]
Selbstverteidigungssport, aus *jû*, sanft, und *jutsu*, Kunst
Das Jujutsu ist älter als das Judo. Es wurde schon zur Zeit des Militäradels als Kampfkunst ausgeübt, die damals nicht nur zur Selbstverteidigung diente. Atemtechnik, Fallübungen, Griffe und Würfe gehören zum Repertoire. Das Jujutsu umfasst einige Techniken, die beim Judo nicht erlaubt sind. *DF, DGF, DUW, FL, Br, Ki, Sch*

Juku
Nachhilfeschule, Privatschule
Bildung und Ausbildung hat in Japans Gesellschaft einen sehr hohen Stellenwert. Die Schulleistungen der Kinder sind ein Gradmesser für das Ansehen einer Familie. Daher werden viele Kinder

durch ein rigoroses Schulsystem gepresst. Vor jeder neuen Schulstufe muss eine harte Aufnahmeprüfung bestanden werden. Da das mit dem Schulunterricht allein kaum zu schaffen ist, hat sich ein weit verzweigtes Netz von Nachhilfeschulen ausgebildet. *Ki, Sch*

歌舞伎

Kabuki das; -,
Traditionelles Theater, aus *ka*, Gesang, *bu*, Tanz, und *ki*, Geschick
Das Kabuki ist eine der klassischen traditionellen Theaterformen in Japan. Die ältere Form, das No, das sich im 14. Jahrhundert im Umfeld der Samurai entwickelte, wurde bei der Entstehung des Kabuki im 17. und 18. Jahrhundert nicht verdrängt. Das Kabuki entstand im städtischen, bürgerlichen Milieu, und obwohl auch viele der No-Stücke aufgegriffen und für die Kabuki-Bühne adaptiert wurden, entstanden parallel dazu sehr populäre Kabuki-Stücke, die die Lebenswelt der Kaufleute und der «fließenden Welt» (ukiyo) auf die Bühne brachten.
In der Tokugawa-Periode veränderte sich das soziale Gefüge Japans grundlegend. Die städtische Gesellschaft, die vor allem aus Kaufleuten und Handwerkern bestand, kam zu einem relativen Reichtum, wurde aber durch das Shogunat daran gehindert, diesen Reichtum zur Schau zu stellen. Für die Schauspieler galten viele der Beschränkungen nicht, und so konnten die Kaufleute ihr gewachsenes Selbstbewusstsein durch die Schauspieler indirekt präsentieren.
Das Kabuki ist für die damalige Zeit geradezu revolutionär in seinem Realismus, seiner moralischen Tendenz und seiner Kritik an der herrschenden Klasse. Nachdem es ausgereift war, erstarrte es in dieser Form, ähnlich wie das No-Theater, so dass die heutigen Aufführungen von denen des 18. Jahrhunderts nicht wesentlich abweichen.
Alle Rollen, auch die Frauenrollen, werden von Männern gespielt. Das Theater ist mit einem so genannten Hanamichi ausgestattet, einer Art Laufsteg durch den Zuschauerraum, auf dem sich wichtige Szenen abspielen. Die meisten Zuschauer kennen

die Stücke bereits. Der Reiz des Stückes liegt darin, eine qualitativ gute Darbietung zu sehen.
In Tokyo gibt es ein Kabuki-Ensemble, das ein eigenes Schauspielhaus, den Kabuki-za, betreibt und ausgedehnte Gastspielreisen durch Japan und ins Ausland unternimmt. *DF, DGF, GFL, FL, Br 1931, Br, Ki, Sch*

Kagami
Spiegel, aus *kagami*, Spiegel
Im Japanischen wird das Wort Spiegel mit dem Element für Metall geschrieben, das darauf hin deutet, dass es sich um einen Metallspiegel handelt. Aus einer Art Bronze hergestellt waren Metallspiegel schon im 13. Jahrhundert im Gebrauch. Sie zeigten oft sehr fein gearbeitete Verzierungen mit religiösen Motiven.
In der Shinto-Mythologie wird ein Spiegel erwähnt. Als die Sonnengöttin Amaterasu sich aus Zorn über ihren Bruder, den Windgott Susanoo, in eine Felsenhöhle zurückgezogen hatte, so dass es auf der Erde dunkel wurde, lockten die anderen Götter sie mit Hilfe eines Spiegels wieder hervor. Daher befindet sich in Shintoschreinen oft ein Spiegel als Symbol der Gottheit Amaterasu, der allerdings nur bei Festlichkeiten zu Ehren der Göttin enthüllt wird. *Br 1931, Br, Ki, Sch*

Kago (auch Kango)
Sänfte, aus *ka*, Vehikel, Gefährt, und *go*, Korb, Käfig
Bevor motorisierte Fahrzeuge nach Japan kamen, waren die Möglichkeiten des Reisens beschränkt. Man reiste zu Fuß, zu Pferd oder in unbequemen Ochsenwagen. Wer es sich leisten konnte, ließ sich in einer Sänfte tragen. *Br 1931, Br, Ki, Sch*

Kagura das; -s, -s
Shinto-Tänze, aus *ka*, Gottheit, und *kura*, Musik, Freude
Das Kagura ist eine sehr alte Form der sakralen Darstellungskunst. Tänze, die zur Belustigung der Götter aufgeführt wurden, gab es schon in der Heian-Zeit. Die Aufführungen finden oft im

Schreingelände auf einer besonderen Bühne im Freien statt. Maskentänze oder Tanzspiele mit einer Handlung aus den klassischen Schriften Nihongi und Kojiki werden bis heute bei Volks- und Erntedankfesten (Matsuri) aufgeführt. Das No-Theater ist teilweise aus den klassischen Kagura entstanden. *DGF*

Kaisha
Unternehmen, Firma, aus *kai*, treffen, versammeln, und *sha*, Gesellschaft
Das Wort Kaisha, auch als Buchtitel sehr bekannt geworden, ist in der Zeit des wirtschaftlichen Booms aus dem Japanischen in die europäischen Sprachen gekommen. *Br, Ki, Sch*

Kaizen das; -
Verbesserung, aus *kai*, ändern, reformieren, und *zen*, richtig, gut
Das Unternehmenskonzept der «ständigen Verbesserung» hat in der deutschen Wirtschaft in den letzten Jahrzehnten des 20. Jahrhunderts viele Nachahmer gefunden, die versuchten, die wirtschaftliche Überlegenheit Japans u. a. auf dieses Konzept zurückzuführen. Nach dem Platzen der japanischen «Bubble» ist es auf diesem Gebiet sehr still geworden.
Kaizen beruht auf der Vorstellung, dass das Streben nach Verbesserung niemals aufhören darf. *DF, DGF, Br, Ki, Sch*

Kake der; -, -
Wurfausführung beim Judo *DGF, GFL*

Kakemono das; -s, -s
Hängerolle, aus *kake(ru)*, hängen, und *mono*, Ding
Ein Kakemono ist ein Bild im Hochformat, das auf einen Untergrund aus Papier oder Seide aufgezogen ist und an die Wand gehängt werden kann. Dieses Bild wird je nach der Jahreszeit ausgewählt, so dass im Wechsel der Jahreszeiten immer wieder ein anderes Bild zu sehen ist, während das alte eingerollt und bis zur nächsten Saison aufbewahrt wird.

Nicht immer handelt es sich um ein Bild, es kann auch eine Kalligraphie mit einem zur Jahreszeit passenden Spruch oder Gedicht (haiku) aufgehängt werden.
Traditionell war die Tokonoma der Ort, an dem Kakemonos aufgehängt wurden. Heute sind solche Nischen aus den meisten Privathäusern und Wohnungen ebenso verschwunden wie die Rollbilder selbst.
Es wurde an anderer Stelle schon darauf hin gewiesen, dass die japanische Architektur sich von der westlichen deutlich unterscheidet. Ein Kakemono ist im allgemeinen auf die Proportionen eines japanischen Raumes abgestimmt.
Alle deutschen Wörterbücher geben als Geschlecht des Wortes Kakemono das Neutrum an. Allerdings ist der zweite Teil des Wortes, *mono*, das gleiche wie in Kimono, und der wird von allen Wörterbüchern als maskulin eingestuft.
Brockhaus weist darauf hin, dass das Wort auch für chinesische Bilder in ähnlichem Hochformat verwendet wird. *DF, DGF, GFL, FL, Br 1931, Br, Ki, Sch*

Kaki die
Persimone, aus *kaki*, Diospyros kaki
Die Kaki, auch unter dem Namen Sharon-Frucht bekannt, ist eine tomatengroße, leicht bittersüße und saftige rote Frucht. In Deutschland wird sie heute in vielen Supermärkten und Obstständen angeboten. In Japan wird sie auch als Trockenobst gedörrt. *(DGF), Ki, Sch*

Kakibaum der
Kakibäume, die zur Familie der Ebenholzgewächse gehören, sind in Japan sehr weit verbreitet. Im Spätherbst, wenn die Bäume bereits die Blätter abgeworfen haben, oft bis in den Winter hinein, leuchten die Früchte mit ihrer intensiv hellroten Farbe besonders schön. Die Pflanze ist zweihäusig. *DF, DGF, DUW, Br, (Ki)*

Kakiemon das; -s

Porzellandekor, nach dem Namen einer Porzellanmaler-Familie aus Arita

Das Besondere am Kakiemon ist die Dekorationsmalerei über der Glasur. Dieser Stil geht auf den Porzellanmaler Sakaida Kizaemon (1596–1666) zurück, der unter dem Namen Kakiemon bekannt wurde (nach zwei Kakifrüchten, die er in Porzellan nachgebildet hatte).

Im traditionellen Japan wurde der Name eines herausragenden Künstlers jeweils an den besten seiner Schüler, oft an seinen eigenen Sohn, weitergegeben, der dann die Tradition weiterführte. *DGF*

Kakipflaume die

Frucht des Kakibaumes

Kaki (Diospyros kaki) ist eine tomatengroße, hellrote, sehr süße Frucht. Sie gedeiht in Japan bis in die nördlichen Provinzen. In Europa ist sie unter den Namen Dattelpflaume oder Persimone bekannt.

Komposita aus einem japanischen und einem deutschen Substantiv kommen in den Wörterbüchern seltener vor als in Texten. Zusammengesetzte Wörter, bei denen der erste Teil ein japanisches Fremdwort ist, das durch ein deutsches Wort moderiert wird, kommen öfter vor als solche, bei denen das Verhältnis umgekehrt ist, z. B. Sommerkimono oder Kindermanga. *DUW, Br 1931, Br, Ki, Sch*

Kakke die; -

Beriberi, aus *kaku*, Fuß oder Bein, und *ki*, Geist, Herz

Beriberi ist eine Krankheit, die durch Vitaminmangel verursacht wird. Sie äußert sich in Gefühllosigkeit und Lähmung der Beine ab der Hüfte. Wenn sie nicht behandelt wird, kann sie zum Tod führen. In Japan wurde sie vor allem Anfang des 20. Jahrhunderts durch einseitige Ernährung mit geschältem Reis verursacht. Die unter der Schale des Reiskorns gelegene Schicht enthält das wertvolle Vitamin B1, durch das der Krankheit vorgebeugt werden kann. *DGF, GFL, FL, Br 1931, Br*

Kamakurabori

aus Kamakura, ein Ortsname, und *horu*, graben, schnitzen

Als Kamakurabori wird eine besondere künstlerische Technik bezeichnet, bei der Holzschnitzereien mit einem bestimmten Lack überzogen werden. Die Technik unterscheidet sich grundlegend von der Tsuishu, bei der mehrere dicke Lackschichten aufgetragen und dann in diese Lackschichten die Ornamente eingeschnitten werden. *Br 1931, Br, Sch*

Kamakura-jidai Kamakura-Periode oder Kamakura-Zeit

Zeitalter von 1192–1333, in dem die Regierungsgewalt durch die Minamoto-Shogune ausgeübt wurde. Regierungssitz war Kamakura, ein Dorf nahe dem heutigen Tokyo. *Br 1931, Br, Ki, Sch*

Kami der; -, - (meist Plur.)

Gott, Gottheit, aus *kami*, Gottheit des Shinto.

Die Shinto-Religion kennt viele Gottheiten. Die Schöpfungsgeschichte des Shinto von dem Götterpaar Izanagi und Izanami zeigt, dass die japanischen Götter im Gegensatz zur Vorstellung des Christentums nicht allmächtig sind. Die Mythologie erzählt, dass die Menschen von den Göttern abstammen. Der japanische Kaiser, so wird gelehrt, stammt in direkter Linie von der Sonnengöttin Amaterasu ab.

Als die Christen in Japan missionierten, bedienten sie sich dieses Wortes Kami, um ihren allmächtigen Gott den Japanern nahe zu bringen, so dass heute auch der christliche Gott als Kami(sama) bezeichnet wird. *DF, DGFBr 1931, Br, Ki, Sch*

Kami no michi siehe Shinto *Br 1931, Br*

Kamikaze der; -, -

Götterwind, aus *kami*, Gottheit, und *kaze*, Wind

Die ursprüngliche Bedeutung des Wortes geht auf eine Episode aus dem 12. Jahrhundert zurück. Als die Mongolen ganz China unter ihre Herrschaft gebracht hatten, schickten sie sich an, auch Japan zu erobern. Japan hätte ihnen nichts entgegenzusetzen gehabt, da das Militär durch Machtkämpfe der beiden großen Samuraifamilien Minamoto und Taira (Gempei-Kriege) sehr geschwächt war. Als sich die Mongolen aber in Korea eingeschifft hatten, schickten die Götter einen Taifun, der ihre gesamte Flotte vernichtete.

Im Zweiten Weltkrieg wurden junge Flieger als Kamikaze bezeichnet, um an diese Episode zu erinnern und ihnen den Glauben zu geben, sie seien Werkzeuge der Götter.

Das Wort Kamikaze ist ins Deutsche mit einer eingeengten Bedeutung eingegangen. Es wird allgemein verstanden als «Kampfflieger im II. Weltkrieg, der sich mit seinem Flugzeug in das feindliche Ziel stürzte und dabei sein eigenes Leben opferte».

Die Bedeutung hat sich im Deutschen insofern heute verändert, als oft eine Person oder Situation gemeint ist, bei der ein gefährliches oder gar selbstmörderisches Verhalten an den Tag gelegt wird, beispielsweise ein unvorsichtiger Autofahrer. Im Japanischen hat ein ähnlicher Bedeutungswandel stattgefunden. *DF, DGF, DUW, Ki, Sch*

Kampai

Prosit, aus *kan*, trocken, und *hai*, voll

Der japanische Ausdruck *kampai*, chinesisch ganbei, bedeutet wörtlich übersetzt: «trockenvoll», im Sinne von Ex trinken, allgemein wird es im gleichen Sinn verwendet wie: Auf Ihr Wohl! *Br, Ki*

Kana

japanische Silbenschrift, aus *ka*, vorübergehend, und *na*, Name

Kana ist eine Sammelbezeichnung für Hiragana und Katakana, die beiden Silbenschriften, die die chinesischen Schriftzeichen, die Kanji, ergänzen. Sie werden in Texten für unterschiedliche Funktionen gebraucht. *Br 1931, Br, Ki, Sch*

Kanbansystem das; -s
«Just-in-time-System», aus *kanban*, oder *kamban*, Schild, Firmenschild
In den achtziger Jahren war Japan auf dem Gebiet der Wirtschaft vielen anderen Ländern überlegen. Viele deutsche Manager versuchten, die Methoden zu kopieren, die Japan zu diesem Erfolg gebracht hatten. Als eine der Ursachen für die japanische Überlegenheit wurde das Kanbansystem ausgemacht, bei dem die Unternehmen keine Ersatzteile oder Komponenten für die Produktion bevorraten, sondern die Zulieferfirmen jeweils nach Bedarf anliefern lassen. *DGF*

Kanji
Chinesisches Schriftzeichen, aus *kan*, China, und *ji*, Schriftzeichen
Die chinesischen Zeichen wurden im 6. Jahrhundert übernommen, zunächst mit dem Zweck, die buddhistischen Texte lesen zu können. Um japanische Texte zu schreiben, reichten diese Zeichen aber nicht aus. Das Chinesische ist eine isolierende Sprache, bei der die Wörter im Satz unverändert bleiben. Das Japanische als agglutinierende Sprache muss grammatische Veränderungen der Wörter wie Vergangenheit, Kasus und andere Partikel abbilden können. Dazu wurden die beiden Silbenschriften Hiragana und Katakana entwickelt. Im heutigen Text werden daher alle drei Schriftarten gemischt: die Kanji dienen zur Abbildung der lexikalischen Bedeutung von Wörtern, die Hiragana-Zeichen dienen zur Abbildung von grammatischen Silben, und die Katakana zur Abbildung von Fremdwörtern. *Br 1931, Br, Ki, Sch*

Kango siehe Kago *Br 1931*

Kannon die; -
Eine der Erscheinungsformen Buddhas, Buddha Avalokitesvara, der einzige weiblich dargestellte Buddha. Kannon wird oft mit vielen Armen und Händen (tausendarmige Kannon) als Symbol der Barmherzigkeit, manchmal auch mit vielen Köpfen dargestellt. Die weibliche Form hatte sich bereits in China herausgebildet.
Der ältere Brockhaus kennt nur die Schreibweise Kwannon und erklärt die Bedeutung als buddhistische Gottheit. *Br, Ki, Sch*

Kannuschi der; -
Shintoistischer Priester
Die Duden-Fremdwörterbücher geben auch in den neuesten Ausgaben diese Schreibweise an. Die Mehrzahl der Wörterbuchbenutzer würde aber heute eher bei Kannushi suchen. Allerdings könnte man dieses Wort auch als veraltet einstufen. *DF, DGF, Sch*

Kannuschi der; -s; -
Shintoistischer Priester *Ki*

Kano
Die japanische Malerschule Kano, gegründet um 1450, hatte ihre Blütezeit im 16. und 17. Jahrhundert. *Br 1931, Br*

Kansai
Kansai wird die Gegend um Osaka und Kobe genannt, im Gegensatz zu Kanto, womit die Gegend von Tokyo gemeint ist. *Br, Ki, Sch*

Kanshitsu das; -s
Trockenlack, aus *kan*, trocken und *shitsu*, Lack
Bei diesem Wort handelt es sich um ein Fachwort aus dem Bereich der Lackmalerei. Die japanischen Wörterbücher enthalten das Stichwort *kanshitsu* nicht. In Zusammensetzungen, beispiels-

weise als *kanshitsuzô*, Buddha-Bildnis in Trockenlack-Technik, ist es in japanischen Fachwörterbüchern zu finden. *DGF (Ki), (Sch)*

Kanto

In den japanischen Wörterbüchern wird Kanto als Nordostjapan bezeichnet. Gemeint ist die Gegend um Tokyo. *Br, Ki, Sch*

Karaoke das; -

Playback, aus *kara*, leer, und *oke*, Kurzwort für (engl.) orchestra

Das in Japan geprägte Wort Karaoke, das inzwischen auf der ganzen Welt gebraucht wird, ist ein Kompositum aus dem japanischen Wort leer, das auch in dem Wort Karate enthalten ist, und der Fremdwortkomponente oke.

Karaoke ist eine Playback-Version bekannter Lieder, Schlager oder Enka-Gesänge, die in einem Nachtlokal oder auf einer Bühne abgespielt werden. Dazu können Gäste in ein Mikrophon singen. Meist wird auf einem Bildschirm der Text eingeblendet, so dass man den Text nicht auswendig können muss. In Deutschland ist diese Art der Unterhaltung weniger verbreitet als in anderen Ländern. *DF, DGF, DUW, Br, Sch*

Karate das; -[s]

Karate, aus *kara*, leer, und *te*, Hand

Im Duden wird Karate als ein System waffenloser Selbstverteidigung erklärt. Dabei wird der Körper durch Übung und Selbstbeherrschung so gestählt, dass der Kämpfer mit der Handkante Ziegelsteine oder Holzplanken zerschlagen oder mit dem Körper Schläge abfangen kann, ohne sich dabei zu verletzen.

Unter den japanischen Fremdwörtern ist Karate eins der bekanntesten. Fast jeder Deutsche kennt das Wort und kann sich etwas darunter vorstellen. Auch in anderen Sprachen (Chinesisch, Russisch, Arabisch) gehört das Wort Karate zu den bekanntesten Fremdwörtern japanischer Herkunft.

Bei Kimura ist nur die Übersetzung «mit leeren Händen» angegeben. Die Sportart wird nicht erwähnt. *DF, DGF, DUW, GFL, Br, Ki, Sch*

Karateka der; -[s], -[s]
Karatekämpfer, aus *karate* und *ka*, Personalendung
Wir finden hier wieder die Endung -ka, mit der angezeigt wird, dass es sich um eine Person handelt, ähnlich dem deutschen -er in Bäcker, Maler etc. Nur das Duden-Fremdwörterbuch hat in diesem Fall die politisch korrekte weibliche Form aufgeführt. *DF, DGF, DUW, GFL, Br, Sch*

Karateka die; -, -[s]
weibliche Form von Karateka *DF*

Karoschi der; -s, -s, siehe Karoshi *DF, DGF, Br*

Karoshi der; -s, -s
Tod durch Überarbeitung, aus *ka*, übermäßig, *rô*, Ermüdung, und *shi*, Tod
Warum hier ein Plural angegeben ist, bleibt unklar. Ein Pluralform ergibt keinen Sinn.
Die japanischen Wörterbücher enthalten nur das Wort karô, Überarbeitung, Überanstrengung. Der Tod durch Überarbeitung ist in den neunziger Jahren in Japan zu einem juristisch relevanten Tatbestand geworden, nachdem mehrere Witwen nach dem Tod ihrer Männer gegen deren Unternehmen geklagt hatten. Es wurde geltend gemacht, dass die Arbeitskraft der Opfer so ausgebeutet wurde, dass sie über Jahre weder einen Feierabend noch ein freies Wochenende hatten und letzten Endes an Erschöpfung starben. Auch Selbstausbeutung mit Todesfolge fällt unter diese Bezeichnung, weil das japanische Ethos die Mitarbeiter ununterbrochen antreibt, ohne Rücksicht auf Gesundheit oder Familie ihr Bestes zu geben.

Kimura und Schinzinger enthalten nur das Wort *karô*, mit der Bedeutungsangabe Überarbeitung. *DF, Br, (Ki), (Sch)*

Kasuga-jinja
Kasuga-Schrein, Name eines Shinto-Schreins bei Nara *Br 1931, Br*

Kasuga-Schule
Malerschule des Yamato-e, die vor allem im 13. und 14. Jahrhundert eine Blütezeit erlebte. Sie ist nach dem Shinto-Heiligtum in Nara benannt. *Br*

Kata das; -[s]
Vorführtechnik in den Budo-Sportarten, aus *kata*, Form, Gestalt
Im Japanischen wird mit *kata* jede Art der Vorführtehnik bezeichnet, in den Sportarten ebenso wie im Theater. Im Budo-Sport wird darunter eine Abfolge stilisierter Kampfposen gegen einen oder mehrere imaginäre Gegner verstanden. *DF, DGF, Br, Ki, Sch*

Katakana das; – od. die; -
Silbenschrift, aus *kata*, Seite, einseitig, und *kana*, Silbenzeichen
Katakana und Hiragana sind Silbenschriften, die sich voneinander in ähnlicher Weise unterscheiden wie unsere Druckschrift und Schreibschrift. Allerdings werden beide im gleichen Text verwendet, und zwar gemischt mit den Kanji, den chinesischen Schriftzeichen. Die Hiragana-Zeichen werden verwendet, um grammatische Einheiten wie Flexionssilben oder Präpositionen zu schreiben. Die Katakana-Zeichen werden zur Markierung von Fremdwörtern, botanischen und geographischen Namen verwendet, wodurch diese in Texten leicht zu identifizieren sind. *DF, DGF, GFL, FL, Br 1931, Br, Ki, Sch*

Katana das; -s, -s
Schwert, aus *katana*, Schwert

Japanische Samurai trugen zwei Schwerter, ein Langschwert und ein Kurzschwert. Heute werden Schwerter in Europa und USA als begehrte Antiquitäten geschätzt. Das Wort ist in Deutschland weit bekannter als es nach den Fremdwörterbüchern erscheinen mag. *Br, Ki, Sch*

Kawasaki-Syndrom das

Bezeichnung einer Krankheit, nach dem Personennamen Kawasaki

Kawasaki-Syndrom wird eine Kinderkrankheit genannt, die seit 1961 bekannt ist und von dem japanischen Arzt Tomisaku Kawasaki zwischen 1967 und 1970 systematisch beobachtet und beschrieben wurde. Die Symptome sind denen des Scharlach ähnlich. *DGF, Br*

Keikin die, -, -e

japanische, viersaitige Geige

Die japanischen Wörterbücher kennen das Wort nicht. Die aktuelle Ausgabe des Brockhaus enthält das Wort nicht mehr. *FL, Br 1931*

Keiretsu (ohne Angabe von Geschlecht, Genitiv, Plural)

Unternehmensgruppe, aus *kei*, Reihe, und *retsu*, Rangordnung

Keiretsu sind konzernähnliche japanische Firmenzusammenschlüsse, die ihre Aufgabe darin sehen, ihre Unternehmensstrategien so zu koordinieren, dass eine Konkurrenz untereinander möglichst ausgeschlossen wird. (siehe Zaibatsu) *DGF, Ki, Sch*

Kempo das; -

Fechtkunst, aus *ken*, Schwert, und *hô*, Regelwerk

Ähnlich dem Ju-Jutsu ist das Kempo eine Sportart zur Selbstverteidigung, die für den militärischen Nahkampf entwickelt wurde. *DF, DGF, Br, Ki*

Ken das; -, -

Verwaltungsbezirk, aus *ken*, Präfektur, Provinz

Japan ist in 47 Verwaltungsbezirke gegliedert, von denen Hokkaido der flächenmäßig größte, Tokyo der bevölkerungsreichste ist. *DF, DGF, DUW, Br 1931, Br, Ki, Sch*

Ken

Längenmaß, ein *ken* beträgt 6 Shaku = 1,818 m *Br 1931, Br, Ki, Sch*

Kendo das; -[s]

Schwertkampf, aus *ken*, Schwert, und *dô*, der Weg

Das Wort bezieht sich sowohl auf die klassische Fechtkunst der Samurai in der Feudalzeit als auch auf die moderne Variante des sportlichen Fechtens. Der Kämpfer schützt Kopf und Schultern durch einen Helm mit gitterartigem Gesichtschutz. Gekämpft wird mit elastischen Bambusstäben, die nur die geschützten Partien des Gegners treffen dürfen. *DF, DGF, DUW, GFL, FL, Br, Ki, Sch*

Kendoka der; -s, -s und die; -, -

Schwertkämpfer, aus *ken*, Schwert, *dô*, der Weg, und *ka* (Personalendung)

In einigen Fremdwörterbüchern wird Karateka unter dem Stichwort Karate eingeordnet, bei anderen ist es als eigenes Stichwort verzeichnet. Auch die weibliche Form wird gelegentlich als eigenes Stichwort geführt. Auch hier wird das Wortbildungselement –ka verwendet. *DF, DGF, DUW, Br*

Kenzan der; -s, -s

Blumenigel, aus *ken*, Dorn, Splitter, und *san*, Berg

Kenzan ist eins der Werkzeuge, die man zum Ikebana braucht: eine Platte, meist aus Metall, die mit senkrecht dicht stehenden Dornen versehen ist. Mit diesen Dornen werden die Blumenstiele so befestigt, dass sie auch in einer flachen Wasserschale senkrecht stehen können. Das Ikebana, die Kunst des Blumensteckens, ist auf Hilfsmittel wie den Kenzan angewiesen, um die vergänglichen Kunstwerke zu arrangieren. *DF, DGF, Br, Sch*

Kikumon das; -

Chrysanthemenwappen, aus *kiku*, Chrysantheme, und *mon*, Wappen, Hoheitszeichen

Das Hoheitszeichen des japanischen Kaiserhauses ist eine sechzehnblättrige Chrysanthemenblüte. Sie ziert die Palasttore ebenso wie die formelle Kleidung der kaiserlichen Familie.

Im übertragenen Sinn wird das Wort auch für den menschlichen After gebraucht. *DF, DGF*

Kikuöl

farbloses, kampferartig riechendes ätherisches Öl aus Blättern und Blüten der Chrysantheme. In Japan dient es als Heilmittel.

Die aktuelle Ausgabe des Brockhaus enthält das Stichwort nicht mehr. *Br 1931*

Kimochi das; -s

Stimmung, aus *ki*, Geist, und *motsu*, tragen

Kimochi ist ein Schlüsselwort zum Verständnis der Japaner. Ein gutes Kimochi ist die Voraussetzung nicht nur für Freundschaften, sondern auch für Geschäfte mit Japanern. Wer mit Japanern ins Geschäfte kommen will, muss zuerst für ein gutes Kimochi sorgen. *Br, Ki, Sch*

Kimono der; -s, -s

traditionelles japanisches Gewand, aus *ki(ru)*, anziehen, und *mono*, Ding oder Sache

Das traditionelle Kleidungsstück für Männer und Frauen in Japan ist der Kimono, von dem es zahlreiche Varianten mit jeweils unterschiedlichen Bezeichnungen gibt. Ursprünglich war im Japanischen jedes Kleidungsstück ein *kimono*, also auch Mantel, Socken oder Hemd. In Redewendungen zeigt sich das heute

noch: *Kimono wo kita mama nete shimaimashita*, er schlief in seinen Kleidern.
Die Bedeutung von *kimono* hat sich gewandelt. Heute wird in Japan *kimono* meistens in ähnlichem Sinn wie bei uns Kimono für das traditionelle, meist von Frauen getragene Kleidungsstück verwendet. Für Kleidung im westlichen Stil gibt es andere Bezeichnungen.
Ein Kimono ist nicht auf die Figur geschneidert wie die westliche Damen- und Herrenkleidung. Im Prinzip kann ein Kimono für jede Figur passend gemacht werden. Das Kleidungsstück besteht aus vier langen, schmalen Stoffbahnen, von denen zwei am Rücken zusammengenäht werden und in Verlängerung die Vorderteile bilden, und die Ärmel bestehen ebenfalls aus einer einfachen Stoffbahn, die von den Schultern bis zur Seitennaht angenäht wird. Die Ärmel können kürzer oder länger sein.
Ein Kimono hat keinen Verschluss. Er wird links über rechts gelegt, so dass eine Art V-Ausschnitt entsteht. Er hat keine Taschen. Kleine Gegenstände bewahrt man in den lang herunterhängenden Ärmeln, im Obi, dem breiten Gürtel, oder aber in der Öffnung vor der Brust auf. Kimonos sind oft aus sehr kostbaren Materialien und können extrem teuer sein.
Bei uns wird Kimono auch in der Bedeutung «einfacher Schnitt für Kleid oder Bluse mit angeschnittenen Ärmeln» verwendet. Im Englischen wird kimono eher im Sinn von Bademantel, Negligé gebraucht (Agatha Christie: Der rote Kimono).
Kimono ist als eins der ersten Fremdwörter aus dem Japanischen in die deutschen Wörterbücher gekommen. Alle Fremdwörterbücher außer Heyse enthalten das Stichwort Kimono.
Warum sich der männliche Artikel bei Kimono durchgesetzt hat, ist nicht zu begründen. Der gleiche Bestandteil *mono* kommt auch in anderen japanischen Wörtern (z. B. Makimono, Bildrolle, und Surimono, Glückwunschkarte) vor, und diese Wörter sind mit dem Neutrum angegeben. *DF, DGF, DUW, GFL, FL, Br 1931, Br, Ki, Sch*

Kimonoärmel der
Angeschnittener Ärmel
Komposita (zusammengesetzte Wörter) aus einem japanischen und einem deutschen Bestandteil kommen sehr selten vor. Hier wird aus den beiden Komponenten zusammen die Bedeutung «einfacher Schnitt für Kleid oder Bluse mit angeschnittenen Ärmeln» gebildet. *DUW, Br*

Kimonobluse die
Bluse mit angeschnittenen Ärmeln
Auch hier ist der Schnitt der Bluse in der Form eines Kimono gemeint. Die Ärmel werden nicht separat, sondern Bluse samt Ärmeln werden in einem Stück zugeschnitten. *DUW, Br*

Kin
Gewichtseinheit; entspricht in etwa einem Pfund *Br 1931, Br, Ki, Sch*

Kioto siehe Kyoto
Stadt und Verwaltungsgebiet in Japan *Br 1931, Br*

Kiushu siehe Kyushu *Br 1931*

Koan das; -[s] oder der
Meditationsaufgabe, aus *kô*, öffentlich, und *an*, Gedanke
Das Koan ist eng mit dem Zen-Buddhismus verbunden. Der Meister gibt dem Schüler eine Aufgabe, über die der Schüler meditieren soll. Es kann ein Spruch oder eine Frage sein, die meistens ein Paradox oder eine unlösbare Situation enthält. Der Zen-Schüler soll nicht denken, sondern meditieren, also den Geist ganz leer (vor allem frei von logischem Denken) werden lassen.
Das bekannteste Koan ist die Aufgabe: Du kennst den Klang, wenn zwei Hände zusammenschlagen. Nun versuche, den Klang einer Hand zu hören.

Durch die Unlösbarkeit der Aufgabe soll die spontane Erleuchtung des Schülers herbeigeführt werden.
Kimura übersetzt Koan mit Katechismus. *DGF, Br, Ki, Sch*

Koban der; -[s], -[e]
(alte ovale) Goldmünze, aus *ko*, klein, und *han*, Siegel, Stempel
koban waren im 17. bis 19. Jahrhundert gebräuchlich. Das Wort *koban* wird in Japan auch im Sinne von «oval» gebraucht. Im Deutschen ist *koban* wenig bekannt. Es gehört zum Fachwortschatz von Antiquitätenhändlern und Sammlern. *DGF, Br, Ki, Sch*

Kodschi auch Tanekodschi, siehe Koji *Br 1931*

Kodschiki siehe Kojiki *DF, DGF*

Kogai
Schmucknadel
Im Brockhaus von 1931 wird *kôgai* als Schwertnadel mit verziertem Griff erklärt, die durch ein Loch im Stichblatt des Schwertes in einen Schlitz der Scheide gesteckt wird. Kimura und Schinzinger übersetzen *kôgai* dagegen als Haarschmuck, Haarnadel, Haarspange. In jedem Fall gehört das Wort in Deutschland zum Wortschatz von Antiquitäten- und Kunsthandel. Im aktuellen Brockhaus ist das Wort nicht mehr zu finden. *Br 1931, Ki, Sch*

Kogo das; -[s], -s
Weihrauchkästchen, aus *kô*, Duft, und *gô*, Dose, Kästchen
Wie so viele Wörter japanischer Herkunft ist Kogo über Antiquitätensammler ins Deutsche gekommen. Das Wort ist nur sehr wenigen Deutschen bekannt. In Museen findet man solche kleinen getöpferten Dosen oder Lackkästchen mit Deckel, die oft sehr kunstvoll verziert sind. *DF, DGF, FL, Br 1931, Br, Ki, Sch*

Koi der, -(s), -s
Karpfen, Goldfisch

Im Japanischen bedeutet *koi* einfach Karpfen, wobei auch die populären Zierfische, die im Deutschen unter der Bezeichnung Goldfisch bekannt sind, zu der Familie der Karpfenfische zählen. Auch die vielfarbigen Windfahnen in Form eines Karpfens, die in Japan zum Knabenfest am 5. Mai über den Dächern aufgehängt werden, sind *koi*. Sie gelten als Symbol für Mut, Stärke und Ausdauer, weil Karpfen gegen die Strömung schwimmen.
Ins Deutsche kam das Wort Koi in der eingeschränkten Bedeutung Zierfisch oder Goldfisch. Die deutschen Fremdwörterbücher verzeichnen das Wort Koi nicht, aber in der Literatur und vor allem in der Werbung für die Züchtung von Zierfischen ist Koi längst zu einem deutschen Wort geworden. *Br, Ki, Sch*

Koji
Hefe, aus *koji*, Hefe
in China und Japan gebräuchliches Gärmittel, durch das bei der Bereitung von alkoholischen Getränken Stärke in Zucker umgewandelt wird. Es wird aus gedämpftem Reis gewonnen. Schinzinger spricht von einem aus Reis gewonnenem Hefepilz oder Reishefe, Kimura von Gärungsstoff. *Br 1931, Ki, Sch*

Kojiki der; vgl Kodschiki
Chronik des Altertums, aus *ko*, alt, *ji* Dinge, Geschehen, und *ki* Chronik
Das Kojiki wurde im Jahr 712 geschrieben und ist eins der ältesten in japanischer Sprache abgefassten Werke. Es berichtet Begebenheiten der Mythologie. In alter Zeit diente es dem japanischen Kaiserhaus zur Festigung seiner Herrschaftsansprüche, da es die direkte Abstammung des Kaisers von den Göttern bezeugt.
Das Wort wird nur im Zusammenhang mit Japan und japanischer Geschichte gebraucht. Es ist nicht übertragbar. *DF, DGF, Br 1931, Br, Ki, Sch*

Koka der; -, -
Vorteil, aus *kôka*, Effekt, Erfolg, Leistung

Koka ist im Deutschen ein Fachwort aus dem Judo und anderen Sportarten und umfasst die kleinste Wertungseinheit. Es ist nur unter Sportlern bekannt und gehört eher in ein Fachwörterbuch. *DGF, Ki, Sch*

Kokeshi

Holzpuppe, aus *ko*, klein, *ke*, ein Pflanzenname, und *shi*, Kind
Der Bestandteil *ke* kann auch als Abfall, wertlos, verstanden werden.
Kokeshi sind einfache, aus Holz gedrechselte Püppchen, die in Nordjapan gefertigt werden. Der Körper ist ein einfaches rundes Holzstück, der Kopf ist als Kugel herausgearbeitet. Kokeshi sind meistens bemalt. Bei manchen Kokeshi ist der Kopf beweglich.
Schinzinger übersetzt *kokeshi* mit: die Kokeshi-Puppe, er geht also davon aus, dass das Wort Kokeshi im Deutschen bekannt ist. *Br, Sch*

Kokinshu auch Kokinwakashu

Gedichtsammlung, aus *ko*, alt, *kin*, Neuzeit, und *shû*, Sammlung
Das Kokinshu ist eine Sammlung von 1100 Gedichten verschiedener Autoren, zusammengestellt im Jahr 905 unserer Zeitrechnung. Es ist die erste dieser Art, der später 20 weitere Sammlungen folgten. *Br 1931, Br*

Koku

Hohlmaß, vorwiegend zum Abmessen von Getreide, etwa 180 l. Koku wurde auch als Gewicht gebraucht. Ein Koku entspricht ungefähr 150 kg. Sowohl Kimura als auch Schinzinger übersetzen es mit dem deutschen Fremdwort: ein Koku. *Br 1931, Br, Ki, Sch*

Kokumintô

Nationale Volkspartei, gegründet 1910. Das Wort ist in der aktuellen Ausgabe des Brockhaus nicht mehr enthalten. *Br 1931*

Kombucha die; -, auch Konbucha
Getränk aus Braunalgen, aus *kombu* oder *konbu*, Riementang, und *cha*, Tee
Unklar ist, warum Kombucha mit weiblichem Geschlecht angegeben wird. In der Werbung wird es vielfach maskulin gebraucht. Kombucha wird seit den neunziger Jahren in Deutschland als Gesundheitsdrink propagiert. Ein aus Braunalgen gewonnener Pilz (Laminariaceae) wird dazu mit Wasser aufgegossen. Schon der Brockhaus von 1931 enthält das Wort. Hier wird von einem japanischen Teeschwamm gesprochen. Das Getränk wird mit dem russischen Kwas verglichen. *DF, DGF, Br 1931, Br*

Kondo das; -s, -s
Goldene Halle, aus *kon*, Gold, und *dô*, Halle
In Texten wird Kondo auch weiblich gebraucht.
Kondo ist die Haupthalle im buddhistischen Tempelkomplex, zu dem verschiedene Gebäude wie Torbau, Pagode, Bibliothek und Meditationshalle gehören. Im Kondô befindet sich das Hauptheiligtum, oft eine Buddhastatue. Schinzinger gibt als Bedeutung auch das Allerheiligste an. *DF, DGF, Br, Sch*

Koto das; -s, -s oder die; -, -s
japanische Harfe, aus *koto*, Koto (ein Musikinstrument)
Bei dem Wort Koto sind sich die Wörterbücher nicht einig, ob es sich mit dem weiblichen oder sächlichen Geschlecht durchsetzen wird. Beide Formen werden im Deutschen gebraucht. Schinzinger verzeichnet es nur mit dem sächlichen, Kimura nur mit dem weiblichen Artikel. Im Brockhaus erscheint es ebenfalls weiblich.
Nach Schinzinger handelt es sich bei dem Koto um eine liegende Harfe. Der Duden spricht von einem zitherähnlichen Instrument mit 6 oder 13 Saiten. Die heute gebräuchlichen Instrumente haben meist 13 Saiten.
Die Koto besteht aus einem gewölbten Klangkörper von etwa 1,80 m Länge, auf dem die Saiten über hochstehende Stege ge-

spannt sind. Sie werden mit einem Plektron (*tsume*) angeschlagen.
Die Koto wird in der klassischen japanischen Musik vor allem von Frauen gespielt. *DF, DGF, FL, Br 1931, Br, Ki, Sch*

Koyasan
Name eines Berges in der Provinz Kii, Zentrum der Shingon-Sekte, gegründet von Kobo Daishi im Jahr 816 unserer Zeitrechnung, mit zahlreichen Sakralbauten und Klosterkomplexen. Die Kriegermönche vom Koyasan spielten im Mittelalter oft eine bedeutende Rolle in der Politik. *Br 1931*

Kozuka
Schwertmesser, aus *ko*, klein, und *tsuka*, Griff
Kimura erklärt Kozuka als das an der Schwertscheide befestigte kleine Messer. Im Brockhaus wird nur von dem reich verzierten Griff des japanischen Schwertmessers gesprochen.
In jedem Fall handelt es sich im Deutschen um ein Fachwort der Kunst- und Antiquitätensammler. Das Wort ist bereits 1931 im Brockhaus erschienen. *Br 1931, Br, Ki, Sch*

Kuge der; -, -
Hofadel, aus *ku*, Prinz, und *kyô*, Herr
Kuge ist sowohl die Bezeichnung für den japanischen Hochadel als Gesamtheit als auch für den einzelnen Angehörigen des Adelsstandes. *DGF, GFL, FL, Br 1931, Br, Ki, Sch*

Kuroschio siehe Kuroshio *DGF*

Kuroshio der; -[s]
japanischer Golfstrom, aus *kuro*, schwarz, und *shio*, Strömung, Gezeiten
Ähnlich wie der Golfstrom entlang der europäischen Westküsten nach Norden zieht, verläuft im Pazifik entlang der Ostküste Japans eine starke Meeresströmung, der Kuroshio, der allerdings

im Gegensatz zum Golfstrom kaltes Wasser führt.
Seinen Namen «Schwarze Strömung» bekam er wegen der tiefblauen Farbe seines Wassers. Kimura erklärt das Wort als japanischer Golfstrom, Schinzinger benutzt das deutsche Fremdwort Kuroshio. *DGF, GFL, Br 1931, Br, Ki, Sch*

Kutani
eine 1640 gegründete Töpferwerkstatt, nach dem Ortsnamen Kutani. Kutaniporzellan gehört zu den begehrtesten Kunstobjekten aus Japan. Eine grüne Glasur ist das Besondere daran. Bei Schinzinger ist das Wort als *kutaniyaki* zu finden. *Br 1931, Br, Sch*

Kwan auch Kan
Gewicht, entspricht 3,75 kg. Veraltet. *Br 1931, Ki, Sch*

Kwannon siehe Kannon *Br 1931*

Kwazoku auch Kazoku
Zu Beginn der Meiji-Zeit (1869) neu geschaffener Adelsstand. Das Familienoberhaupt hat einen Sitz im japanischen Oberhaus. Das Wort kann als veraltet gelten. Heute spielt der Adel in Japan keine Rolle mehr. *Br 1931, Br, Ki, Sch*

Kyo der; -, -
Wurf der Grundschule beim Judo
Schinzinger gibt als Bedeutung «überraschender Gegenangriff» an. *GFL, Ki, Sch*

Kyodan das, -
christliche Kirche in Japan, aus *kyo*, Religion, und *dan*, Versammlung
Kimura spricht von einem Mönchsorden, Schinzinger von einer Religionsgemeinschaft. *FL, Ki, Sch*

Kyodo
Nachrichtenagentur in Japan. *Br 1931, Br*

Kyogen das; -s, -
Schwank, aus *kyô*, verrückt, komisch, und *gen*, Wort
Kyogen wird zwar auch im einfachen Sinn für Theater, Schauspiel, Drama verwendet, aber ursprünlich bezeichnet es das burleske Zwischenspiel zwischen zwei Nô-Stücken. Die Aufführung des Nô konnte einen ganzen Tag dauern und umfasste fünf ernste Nô-Stücke. In den Pausen zwischen den Aufführungen wurden kleine, possenartige Stücke zur Erheiterung des Publikums dargeboten. Die Schauspieler sind, wie beim Nô, alle männlich. Während das Nô Begebenheiten aus dem höfischen Leben und der Welt der Samurai darstellte, griff das Kyogen heitere, alltägliche Themen auf, bei denen die Samurai durchaus auch lächerlich gemacht oder kritisiert werden konnten. Das Kyogen erfreute sich großer Beliebtheit im Volk. *DGF, Br 1931, Ki, Sch*

Kyoto Stadt und Verwaltungsgebiet in Japan *Br*

Kyu der; -s, -s
Meistergrad, aus *kyû*, Klasse, Stufe, Rang
Das Wort wird in den Budo-Sportarten verwendet, um die Meisterschaftsgrade zu bezeichnen. GFL spricht von Schülergrad. *DF, DGF, DUW, GFL, Br, Ki, Sch*

Kyudo das; -s
Bogenschießen, aus *kyû*, Bogen, und *dô*, Weg
Die Kunst des Bogenschießens, eine bis heute in Japan viel geübte Sportart, gehörte ursprünglich zur Ausbildung der Samurai in den Kampfkünsten. Heute gehört es zur Ausbildung im Stundenplan der meisten Höheren Schulen und Collegschulen. *DF, Br 1931, Br, Ki, Sch*

Kyudoka der; -[s], -[s]
Bogenschütze, aus *kyûdô*, Bogenschießen, und *ka*, Meister
In allen Sportarten wird der Betreiber des Sports durch ein angehängtes –ka gekennzeichnet: Karateka, Judoka, Kendoka etc. Auch für weibliche Sporttreibende gilt diese Form. *DF, Br*

Kyushu
Südlichste der vier Hauptinseln Japans. *Br*

漫画

Makie die; -, auch Makiye
Lackmalerei; aus *maku*, säen, streuen, und *e*, Bild
Makie ist eine besondere Technik der Lackmalerei. Dabei bildet aufgestreutes Gold auf einer Lackgrundierung eine reliefartige Oberfläche. Das Wort wird nur im Zusammenhang mit der japanischen Kunst gebraucht und gehört eher in ein Fachwörterbuch. In der älteren Ausgabe des Brockhaus wurde es noch makiye geschrieben. *DF, DGF, FL, Br 1932, Br, Ki, Sch*

Makimono das; -s, -s
Rollbild im Querformat, aus *maku*, rollen, und *mono*, Ding, Sache
Makimonos können mehrere Meter lang sein. Der Papier- oder Seidenstreifen von ungefähr 40 cm Breite ist an beiden Enden um ein Rundholz geklebt und dann aufgerollt. Zum Betrachten legt man es auf eine glatte Fläche und rollt jeweis so viel auf, wie man anschauen möchte. Dann kann man auf beiden Seiten weiterrollen, so dass sich die dargestellten Szenen nacheinander entfalten.
Auf Makimonos werden meist Begebenheiten bei Hof dargestellt. Da es sich bei den Bildrollen meist um eine Abfolge von Geschehen handelt, werden die einzelnen Szenen durch Wölkchen oder Nebel voneinander getrennt. Die Parallelperspektive war im klassischen Japan noch nicht bekannt. Makimonos werden gelegentlich als Vorläufer der Mangas angesehen.
Bei FL wird bei dem Wort Makimono auf Kakemono hingewiesen. *DF, DGF, GFL, FL, Br 1932, Br, Ki, Sch*

Makiye siehe Makie *FL, Br 1932*

Makura no soshi
Kopfkissenbuch, aus *makura*, Kopfkissen, und *sôshi*, Buch in Kana-Schrift
Titel der tagebuchähnlichen Aufzeichnungen von Sei Shonagon, einer Hofdame im japanischen Mittelalter (um 1000 unserer Zeitrechnung). Aus diesen oft sehr persönlichen Schilderungen alltäglicher Begebenheiten am Hof des Kaisers sind die Lebensumstände dieser Zeit recht gut bekannt. *Br*

Manga das od. der; -s, -s
Comic, gezeichnete Bildergeschichte, aus *man*, Willkür, zufällig, und *ga*, Bild
Anders als in Europa werden Mangas in Japan als Kunstform auch für Erwachsene angesehen. Die Ursprünge der Mangas sind in den traditionellen szenischen Rollbildern, Makimono, zu finden. Heute sind Mangas nicht nur ein Unterhaltungsmedium, sondern auch ein ernstzunehmender Wirtschaftszweig. Die Manga-Welle ist inzwischen auch in Europa angekommen. Viele Buchhandlungen haben eine eigene Abteilung für Mangas, die als wöchentlich oder monatlich erscheinende Fortsetzungsgeschichten sehr beliebt sind. *DF, DGF, DUW, Br, Ki, Sch*

Manyoshu das
Gedichtsammlung, aus *man*, zehntausend, *yô*, Blatt, und *shû*, Sammlung
Älteste Gedichtsammlung Japans, zusammengestellt im 8. und 9. Jahrhundert unserer Zeitrechnung. Das Manyoshu enthält etwa 4500 Gedichte von über 560 verschiedenen Dichtern. *Br 1932, Br*

Matsuri das
Volksfest
Japan ist reich an Volksfesten, die ihren Ursprung meist in Erntedankfeiern haben. Bei den Matsuri werden von den Bauern und Fischern traditionelles Theater, Puppentheater, Musikaufführungen und andere Bräuche gepflegt. *Ki, Sch*

Meiji, Meiji-jidai Meiji-Zeit
Zeitalter von 1868–1912, aus *mei*, erleuchtet, hell, und *ji*, Regierung
Meiji, aufgeklärte Regierung, ist das Motto der Regierungszeit des Kaisers Mutsuhito von 1868 bis 1912. Es war eine Zeit großer Veränderungen, in der Japan sich nach Jahrhunderten der Abschließung der Welt gegenüber öffnete und den Anschluss an die kulturelle und wirtschaftliche Entwicklung des Westens suchte. *Br 1932, Br, Ki, Sch*

Mikado der; -s, -s
Ehrenbezeichnung für den Kaiser, aus *mi*, erhaben, und *kado*, Tor, Pforte
Der Kaiser war im feudalen Japan von solcher Erhabenheit, dass er nicht mit seinem Namen, sondern mit einer Ehrenbezeichnung benannt wurde. «Die verehrte Pforte» ist eine Umschreibung für die Person des Kaisers (siehe Tenno). Schinzinger verwendet das deutsche Fremdwort Mikado zur Erklärung. *DF, DGF, DUW, GFL, FL, Hey, Br 1932, Br, Ki, Sch*

Mikado das; -s, -s
Stäbchenspiel, aus *mikado*, Ehrenbezeichnung des japanischen Kaisers
Das Stäbchenspiel ist in Europa erfunden und nach dem japanischen Kaiser benannt worden. Das Spiel wurde zunächst in England gespielt, und zwar mit sehr komplizierten Regeln und Spielfiguren. Um die Wende vom 19. zum 20. Jahrhundert wurde eine vereinfachte Version in Deutschland populär. Ein Bündel von unterschiedlich markierten Holzstäbchen wird auf einer Tischplatte so fallen gelassen, dass die Stäbchen kreuz und quer übereinander zu liegen kommen. Jeder Spieler darf nun reihum versuchen, einzelne Stäbchen aufzunehmen, ohne dass dabei die anderen sich bewegen.

Viele Deutsche wissen nicht, dass das Spiel nach dem japanischen Kaiser benannt ist. In Japan ist das Spiel nicht bekannt. *DF, DGF, DUW, GFL, FL*

Mikado der, oder Ein Tag in Titipu
Operette von Arthur Sullivan, Text von William S. Gilbert. Das Stück wurde 1885 in London uraufgeführt. Es ist eine von vielen so genannten Gelben Operetten, die in einem märchenhaften Land in Ostasien spielen. (Land des Lächelns, Madame Butterfly) *Br 1932, Br*

Mikadofarbstoffe
Es geht aus den Wörterbüchern nicht hervor, ob die Benennung Mikado identisch ist mit dem japanischen Wort für den Kaiser. Es handelt sich um gelbe und orangefarbene Azofarbstoffe, die sich von der Diaminostilbendisulfosäure ableiten. Die Mikadofarbstoffe werden zum Einfärben von Baumwolle verwendet. *Br 1932, Br*

Mikoshi das oder der
tragbarer Götterschrein, aus *mi*, Gottheit, und *koshi*, Sänfte
Mikoshi sind meist sehr kunstvoll aus Holz gefertigte Schreine, die auf zwei Balken montiert sind, so dass sie von einer Gruppe von Männern getragen werden können. Bei Volksfesten und Umzügen werden sie durch die Straßen getragen; man glaubt, dass sich die Gottheit eines Schreins während der Festtage in dem Mikoshi aufhält und so am Fest teilnimmt. Manchmal gibt es regelrechte Schaukämpfe zwischen verschiedenen Mikoshi tragenden Gruppen aus benachbarten Stadtteilen oder Dörfern.
Schinzinger verwendet zur Erklärung das Wort Zweigschrein, womit die Tatsache gemeint sein könnte, dass ein Mikoshi immer zu einem stationären Hauptschrein gehört. *Ki, Sch*

Mikuji

Orakelzettel, aus *mi*, verehrt, und *kuji*, Glück, Schicksal
Über Geschlecht und Grammatik ist in den japanisch-deutschen Wörterbüchern nichts zu finden.
Es ist ein weit verbreiteter Brauch, sich beim Besuch des Schreins einen Orakelzettel zu kaufen. Diese Zettel sind Papierstreifen, bedruckt mit einer Weissagung für eine in einem bestimmten Zeitraum geborene Person. Gefällt einem das vorausgesagte Schicksal nicht, kann man es «zurückgeben», indem man den Zettel an einen Baum oder einen Zaun im Schreingelände bindet. Oft findet man im Schreingelände ein eigens für diesen Zweck gespanntes Seil. *Ki, Sch*

Minamoto

Eine der großen Samurai-Familien im japanischen Mittelalter, auch Genji oder Genji-Clan genannt. Die bekanntesten Mitglieder des Minamoto-Clans sind Prinz Genji, über den die Hofdame Murasaki Shikibu um 1000 unserer Zeitrechnung einen Roman geschrieben hat, und Minamoto no Yoshitsune, ein tragischer Held, der im 12. Jahrhundert zusammen mit seinem älteren Halbbruder die Shogunatherrschaft begründete.
Die Rivalität zwischen den Minamoto und den Heike wird sowohl in der klassischen Literatur als auch im traditionellen Theater immer wieder aufgegriffen. *Br 1932, Br*

Miso das; -[s], -s

Bohnenmus, aus *mi*, Geschmack, und *so*, Zutat
Miso wird aus vergorenen Bohnen gewonnen. Es wird in der japanischen Küche vielseitig verwendet. Das dunkle, meist rötliche Bohnenmus bildet die Grundsubstanz für verschiedene Suppen. *DF, DGF, DUW, Br 1932, Br, Ki, Sch*

MITI

Kunstwort für Ministry of International Trade and Industry

Das MITI überwacht u. a. die Vergabe von Großaufträgen an die großen Konzerne und verhindert so gegenseitige Konkurrenz japanischer Unternehmen auf dem Weltmarkt. Dadurch tritt Japan nach außen als so genannte Japan-AG auf, was von den anderen Ländern als unfaire Strategie gebrandmarkt wird.
Die meisten Texte über die Wirtschaft Japans enthalten dieses Kunstwort und erklären es. Das «Business Glossary» der Mitsubishi Corporation, ein zweisprachiges Wirtschaftswörterbuch, erklärt das Wort ausführlich. *Br*

Mitsumatapapier das; -s, -e
Mitsumata ist der Name einer Pflanze, die in der Botanik unter der Bezeichnung Edgeworthia chrysantha bekannt ist. Der Zierstrauch mit gelben bis roten Blütenständen stammt aus China. Der Duden spricht von Seidelbast.
Die Schriftzeichen, mit denen der botanische Name im Japanischen geschrieben wird, stimmen nicht mit der Lesart *mitsumata* überein. Sie sind möglicherweise wie die Pflanze selbst aus China übernommen. Die Bedeutung der Schriftzeichen ist: zehntausend frische Düfte.
In Japan wird aus den Bastfasern dieser Pflanze ein besonders hochwertiges Seidenpapier, das Mitsumata-Papier, hergestellt. *DGF*

Miya der; -[s], -[s]
Shinto-Schrein, aus *miya*, Schrein, Kaiserpalast, (auch Prinz)
In Japan wird zwischen shintoistischen und buddhistischen Sakralbauten unterschieden. Im Deutschen wird für die Shinto-Gebäude das Wort Schrein (*miya* oder *jinja*) gebraucht, für buddhistische Gebäude die Bezeichnung Tempel (*tera* oder *–ji* in Verbindung mit dem Namen).
Ein Shinto-Schrein ist meist kein Versammlungsraum, sondern die Gläubigen bleiben vor dem offenen Schrein stehen, läuten eine Schelle oder klatschen dreimal in die Hände, um die Götter auf sich aufmerksam zu machen, und verbeugen sich dann. Im

Shinto-Schrein werden Opfergaben für die Gottheiten aufgestellt. Neugeborene Kinder werden zum Schrein gebracht, um sie den Göttern vorzustellen.
Die Erklärung des Duden, *miya* sei zusammengesetzt aus *mi*, erhaben, und *ya*, Haus, trifft nicht zu. *DGF, Br 1932, Br*

Miyajima

Name einer kleinen Insel unweit von Hiroshima in der Inlandsee, berühmt für ihre landschaftliche Schönheit und den auf ihr gebauten Itsukushima-Schrein. Die Gebäude auf der Insel umfassen sowohl buddhistische Tempel mit einer Pagode als auch Shinto-Schreine. Bekannt ist das riesige, im Wasser der Bucht stehende Torii, durch das man bei Flut mit dem Boot fahren kann.
Da die Insel als besonders rein gilt, der Tod aber als unrein gilt, darf auf der Insel kein Mensch bestattet werden, daher werden die Toten auf die Hauptinsel bei Hiroshima beigesetzt. Auf Miyajima werden für sie zum Gedenken kleine Buddhafiguren in einem buddhistischen Tempel aufbewahrt. *Br 1932, Br*

Miyako

Alter Name der Stadt Kyoto
Das Wort Miyako bedeutet Hauptstadt. Es wird in Redewendungen und Sprichwörtern gebraucht, beispielsweise: «Wo ich bin, ist die Hauptstadt.» *Br 1932*

Mochi

Neujahrskuchen aus Klebreis
Mochi sind eine besondere Art von Reisklößen, die zum Neujahrsfest verzehrt werden. Dazu wird gekochter Klebreis in einem Mörser so lange gestampft, bis daraus eine formbare Masse geworden ist, aus der dann die Klöße geformt werden. *Br, Ki, Sch*

Momiji

buntgefärbtes Herbstlaub, besonders die Blätter des Bergahorns. So wie die Japaner im Frühjahr hinausgehen, um die Kirschblüte zu bewundern, ziehen sie im Herbst in die Wälder, um das flammend rot oder leuchtend gelb gefärbte Herbstlaub zu sehen. *Ki, Sch*

Momme die; -, -n, oder das; auch Monme
Gewichtseinheit, aus *monme* oder *momme*, Gewichtsmaß
Ein *monme* beträgt 3,75 g. Diese Angabe wird für Seide verwendet. Es ist vermutlich das durchschnittliche Gewicht eines Kokons der Seidenraupe.
Das Wort gilt heute als veraltet. Es ist auch in Japan nicht mehr gebräuchlich.
Bei Schinzinger erscheint das Wort in der Schreibweise *monme*. Schinzinger erklärt es mit dem deutschen Fremdwort Monme. Kimura gibt das Neutrum als Geschlecht an. *DF, DGF, Br 1932, Br, Ki, Sch*

Monju
Japanischer Name des Boddhisattvas Manjusri. *Br 1932, Br, Ki, Sch*

Monogatari das; -, -
Erzählung, aus *mono*, Sache, und *kataru*, erzählen
Das Wort Monogatari umfasst sowohl Märchen und Sagen als auch Romane und Novellen. Die bekanntesten klassischen Monogatari sind das Taketori-Monogatari, eine märchenhafte Erzählung (entstanden um 900), das Ise-Monogatari und das Genji-Monogatari von Murasaki Shikibu, eine auch in Deutschland sehr bekannte Erzählung des frühen 11. Jahrhunderts über den Prinzen Genji und das höfische Leben. *DGF, Br 1932, Br, Ki, Sch*

Moshi-moshi
Anrede beim Telefonieren, entspricht in etwa unserem «Hallo». Japaner erwarten während des Telefongesprächs in kurzen Abständen eine Rückmeldung von dem Gesprächspartner, anderen-

falls fragen sie mit *moshi-moshi* nach, ob er noch in der Leitung ist. *Ki, Sch*

Moxa die; -

Artemisia sinensis, aus *mogusa*, eine Beifußpflanze

Moxa wird zur therapeutischen Wärmebehandlung verwendet. Ein Brennkegel aus der Beifußpflanze wird auf die Haut aufgesetzt und abgebrannt. *DF, DGF, DUW, FL, Br 1932, Br*

Moxibustie siehe Moxibustion *FL*

Moxibustion die; -

Die Wortbildung mit dem neulateinischen Element bustion (Verbrennung) zeigt die Verwendung der Beifußpflanze als Heilmittel. Ein Hütchen aus Beifußextrakt wird auf bestimmte Stellen der Haut gesetzt und dort verbrannt, um die Abwehrkräfte des Körpers zu steigern. *DF, DGF, DUW, FL, Br 1932, Br*

Mutsu der; -[s], -s

nach der Angabe im Duden soll es sich um einen großen, gelblichgrünen oder roten, wohlschmeckenden Apfel handeln. Die japanischen Wörterbücher enthalten das Wort nicht. *DGF*

日本

Nagauta das; -
Ballade, aus *naga*, lang, und *uta*, Gedicht, Lied
Das Nagauta ist eine Gedichtform ähnlich einer Ballade. Es wird gewöhnlich mit Flöten und Trommeln, Koto- oder Samisen-Begleitung vorgetragen. *DGF, Ki, Sch*

Nage-Waza der; -
Wurftechnik, aus *nage*, werfen, und *waza*, Kunstgriff
Bei Schinzinger ist *nagewaza* in einem Wort geschrieben.
Nage-Waza ist ein Wertungspunkt beim Judo-Sport. Dieses Wort gehört eher in ein Fachwörterbuch des Sports. *DGF, GFL, Sch*

Nashi die; -, -s
Pyrus pyrifolia var. culta, Birne, aus *nashi*, japanische Birne
Die grünbraune Nashi-Frucht gleicht in ihrer Form eher einem Apfel. Der Nashi-Baum wird sowohl wegen seiner Schönheit als auch wegen der Früchte sehr geschätzt. Es gibt zahlreiche neu gezüchtete Varianten.
Der Duden spricht von einer chinesischen, Schinzinger von einer japanischen Birne. *DF, DGF, Br, Ki, Sch*

Nashiji
Lackarbeit, aus *nashi*, Birne, und *ji*, Grund
Nashiji oder Aventurinlack ist deshalb nach der japanischen Birne benannt, weil der Lack mit Metallpulver in verschiedener Korngröße bestreut wird, so dass er der körnigen Schale der japanischen Birne gleicht. Schinzinger nimmt das Wort adjektivisch, er übersetzt es: goldsilbern getüpfelt. Kimura spricht von Goldlack. *Br 1932, Br, Ki, Sch*

Nemawashi
Verhandlungsstrategie, aus *ne*, Wurzel, und *mawasu*, herumgehen, umrunden
Wörtlich bedeutet Nemawashi, eine Wurzel eines Baumes umgraben oder mit einem Graben umziehen. In der Wirtschaft steht Nemawashi für eine bestimmte Verhandlungsführung. Wer eine Neuerung einbringen oder eine positive Entscheidung herbeiführen möchte, wird zunächst in Einzelgesprächen mit allen Beteiligten Argumente und Vorbehalte gegen seinen Plan sammeln und diese Bedenken ausräumen, d. h. die Wurzeln umgraben. Wenn er dann seinen Plan offenlegt, wird ihn niemand mehr zu Fall bringen.
Schinzinger erklärt das Wort zunächst mit «die Wurzel ausgraben», gibt aber ein Beispiel in der übertragenen Bedeutung an. *Ki, Sch*

Netsuke die; -, -[s], auch das; -[s], -[s]
geschnitztes Figürchen, aus *ne*, Wurzel, und *tsukeru*, befestigen
Netsuke sind kleine geschnitzte Figuren aus Elfenbein, Jade oder Wurzelholz, die früher von Männern am Kimono-Gürtel getragen wurden. Sie waren an einer Schnur befestigt, mit der ein Tabak- oder Medizinbehälter unter den Gürtel geschoben wurde.
Im Westen sind Netsukes Anfang des 20. Jahrhunderts zu begehrten Sammelobjekten geworden. Sie waren klein und unscheinbar, aber künstlerisch oft von unschätzbarem Wert. Meist waren diese Figuren liebevoll bis ins kleinste Detail ausgestaltet. Die Sujets waren oft witzig und gelegentlich frivol. Es konnten aber auch Gottheiten oder Tiergestalten dargestellt sein. Mit dem Aufkommen westlicher Kleidung für Männer verloren sie ihre Funktion.
Bei Schinzinger wird *netsuke* mit dem deutschen Wort Netsuke (Neutrum) erklärt. *DF, DGF, FL, Br 1932, Br, Ki, Sch*

Nichirensekte die; -, -n

Nach dem japanischen Priester Nichiren (1222–1282) benannte buddhistische Glaubensgemeinschaft. Nach Nichiren kann der Mensch die Erlösung nur durch eigene Kraft erreichen. In den japanischen Wörterbüchern erscheint das Wort als Nichirenshû. Im Brockhaus wird auch auf das Wort Hokke-shû, Schule vom Lotus des Gesetzes, verwiesen. *DGF, Br 1932, Br, Ki, Sch*

Nihon auch Nippon (Nipon)

Land des Sonnenaufgangs, aus *nichi*, Sonne, und *hon*, Wurzel, Ursprung

Nihon oder Nippon ist die japanische Lesung des ursprünglich chinesischen Wortes *riben*, Sonnenaufgang. Von China aus gesehen liegt Japan im Osten, d. h. da, wo die Sonne aufgeht. Die Japaner selbst nannten ihr Land bis ins 7. Jahrhundert Yamato, nach dem Kernland des japanischen Volkes. Nur bei späteren Kontakten mit dem Ausland (Korea, China) verwendeten sie die Bezeichnung Nihon.

Der Brockhaus von 1932 verweist auf das Wort Dainihon, Groß-Japan, das in der aktuellen Ausgabe nicht mehr enthalten ist. Es entsprach in der Zeit des Nationalsozialismus dem Groß-Deutschland.

Heyse (1901) wählt die Schreibweise Nipon. Kimura und Schinzinger enthalten beide jeweils die Schreibweisen Nihon und Nippon. *Hey, Br 1932, Br, Ki, Sch*

Nihongi der; – oder das, auch Nihonshoki

Annalen von Japan, aus *nihon*, Japan, und *ki*, Aufzeichnung, Chronik

Das Nihongi oder Nihon Shoki ist das früheste Geschichtswerk Japans. Es wurde 720 geschrieben und enthält viele Quellentexte des Shinto. Zusammen mit dem Kojiki (712) bildet es die Grundlage für die japanische Literatur.

Der Duden gibt sowohl bei Kojiki als auch bei Nihongi das männliche Geschlecht an. In anderen Wörterbüchern (v. a. Schinzinger) und in der Literaturgeschichte von Shuichi Kato werden beide im Neutrum gebraucht. *DF, DGF, Br 1932, Br, Sch*

Nikkei-Index der; -

Nikkei Index ist die Bezeichnung für die Börsenkurstabelle der japanischen Wirtschaft. Er ist, ähnlich wie «Dax» (deutscher Aktien-Index) ein Kurzwort, zusammengezogen aus *nichi*, täglich, (auch der erste Teil von Nippon), und *kei*, Summe, Gesamtheit. Schinzinger spricht von der Tagesgewinntabelle. *DF, DGF, Br*

Nikki

Tagebuch, aus *nichi*, Tag, und *ki*, Chronik

Eine in Japan sehr populäre literarische Gattung ist das Tagebuch, in dem Ereignisse geschildert und Gedanken dargestellt werden. Im aktuellen Brockhaus ist das Wort nicht mehr enthalten. *Br 1932, Ki, Sch*

Ninja der; -[s], -[s]

Spion, Kundschafter, aus *nin*, ertragen, sich unsichtbar machen, und *sha*, Person

Der Duden erklärt Ninja als «im feudalen Japan in Geheimbünden organisierter Krieger, der sich spezieller Waffen und eines besonderen Kampfstils bedient». Schinzinger sagt, ein Ninja sei ein Spion mit Superfähigkeiten.

Um genau zu erfahren, was ein Ninja ist und welche besonderen Superfähigkeiten er hat, muss man in westlichen Ländern Jugendliche fragen. Unter Kindern und Jugendlichen ist das Wort Ninja weit verbreitet. Vor allem im Film werden die Fähigkeiten von Ninjas oft eindrucksvoll dargestellt. Auch Karnevalskostüme, die einen Ninja darstellen, sind in Deutschland beliebt. *DF, DGF, Sch, Br*

Ni-O

Glaubenswächter, aus *ni*, zwei, und *ô*, König

Vermutlich indischen Ursprungs sind die beiden Dewa-Könige Wächterfiguren im Torgebäude buddhistischer Tempel, die Dämonen abwehren sollen. *Br 1932, Br, Ki, Sch*

Nippon –s; siehe auch Nihon
Im Brockhaus 1932 ist auch bei diesem Stichwort ein Verweis auf Dainippon, Großjapan, gegeben. Im aktuellen Brockhaus ist dieser nicht mehr enthalten. *DUW, Hey, Br 1932, Br, Ki, Sch*

Nitschirensekte siehe Nichirensekte *DGF*

No das; -
klassisches Theater, aus *nô*, Können, Talent
Das No-Theater oder No-Spiel ist eine der klassischen Theaterformen Japans. Entstanden im Umfeld der Feudalherrscher im 14. Jahrhundert umfasst es etwa 240 Stücke, die nach den Hauptrollen in fünf Kategorien eingeteilt werden: Götterspiele, Helden, schöne Frauen, dem Wahnsinn verfallene Menschen und Geister. Im klassischen No umfasste eine Aufführung ein Stück aus jeder Kategorie, wobei in den Pausen zwischen den ungefähr einstündigen Stücken jeweils ein Kyogen aufgeführt wurde. Eine solche Vorstellung dauerte einen ganzen Tag.
Alle Rollen werden von männlichen Schauspielern gespielt und getanzt. Zu prächtigen Kostümen werden von den Spielern der Hauptrollen Masken getragen.
Die Bühne hat einen quadratischen Grundriss und ist überdacht. Von der Bühne aus führt ein Steg zu einem mit einem Vorhang abgeschlossenen Raum, von dem aus die Spieler auftreten.
Das No-Spiel wird von Musikern mit Flöten, Trommeln und Sprechgesang begleitet. Die Musiker sitzen auf der Bühne vor einer mit einem Kiefernbaum bemalten Rückwand, der Chor seitlich davon.
Es gibt verschiedene No-Schulen, deren Lehren jeweils in einer Schauspielerfamilie überliefert werden. Die bekannteste ist die

Kanze-Schule, die auf die Begründer des No, Kanami, und seinen Sohn Zeami zurückgeht. *DF, DGF, DUW, Br 1932, Br, Ki, Sch*

No-Maske die; -, -n

Dieses Kompositum mit einem japanischen und einem deutschen Element ist sehr bekannt. Die aus Holz geschnitzten und farbig bemalten und lackierten Masken sind in europäischen Museen und bei Privatsammlern begehrte Sammelobjekte und Ausstellungsstücke.

Im No werden nur die Hauptrollen mit Masken gespielt. Die Masken werden mit Bändern vor das Gesicht des Spielers gebunden. Sie stellen entsprechend den Hauptrollen der No-Stücke bestimmte Typen dar: Krieger, Jüngling, schöne junge Frau, alte Frau, Dämon etc. Die meisten Masken sind etwas kleiner als das Gesicht heutiger Schauspieler. *DF, DGF, GFL, FL, Br*

Norito die (Plur.)

Norito, aus *nori*, Gebet, und *kotoba*, Wort, Sprache

Das Engishiki, eine Gebetsammlung aus dem 10. Jahrhundert, enthält Gebete (*norito*) und Rituale, die als Grundlage bei Zeremonien für die Shinto-Götter dienen. Schinzinger spricht von einer Shinto-Gebetslitanei. Kimura verzeichnet das Wort *norito* nicht. Vielen jungen Japanern ist das Wort gänzlich unbekannt.

Das Wort kann als veraltet bezeichnet werden. In der Zeit der großen Japanbegeisterung Anfang des 20. Jahrhunderts kam das Wort durch Japanologen wie Joseph Lauterer und Karl Florenz ins Deutsche. Der Brockhaus 1932 erklärt, dass es sich bei den Norito um bedeutende Sprachdenkmäler aus der Frühgeschichte Japans handelt. *DGF, Br 1932, Br, Sch*

No-Spiel das; -[e]s, -e

siehe No. Viele Deutsche können sich unter dem Wort No nichts vorstellen, wissen aber wohl, was ein No-Spiel ist. *DF, DGF, DUW, GFL, FL (beide nur Plural), Br 1932, Br*

Nunchaku das; -s, -s
Der Duden gibt ein gleichlautendes, gleichbedeutendes japanisches Wort *nuncha-ku* an, das eine Verteidigungswaffe aus zwei mit einer Schnur oder Kette verbundenen Holzstäben sein soll. In den japanischen Wörterbüchern ist weder *nun-chaku* noch *nuncha-ku* zu finden. Auch Chaku, das laut DF und DGF eine Kurzform von Nunchaku sein soll, ist dort nicht zu finden. *DF, DGF, Br*

帯

Obi der od. das; -[s], -s

Gürtel, Leibbinde, aus *obi*, (Kimono)gürtel.

Der Duden läßt sowohl Maskulin als auch Neutrum zu. In der frühen Literatur zu Japan wurde Obi noch im Feminin gebraucht: die Obe (Alice Schalek: Japan, das Land des Nebeneinander; Breslau 1925)

Sowohl das schmale Gürtelband, das Männer zur traditionellen Kleidung trugen, als auch der breite, steife, oft sehr kostbare Seidengürtel, der um den Kimono der Damen gebunden wird, ist ein Obi. Bei Damen soll der Obi die Taille verdecken. Er wird möglichst eng um die Körpermitte geschlungen, zu einer Art Schleife gebunden und mit mehreren Schnüren befestigt. Weil der Obi sehr fest angezogen werden muss, um sich nicht durch die Bewegungen der Trägerin zu lösen, und wegen der komplizierten Bindung des Obi ist es kaum möglich, sich ohne Hilfe anzuziehen. Heute gibt es fertig gebundene Obis mit Klettverschluß.

Im modernen Japanisch wird für den Gürtel der westlichen Kleidung das Fremdwort *beruto* (belt) verwendet. Insofern ist *obi* tatsächlich nur der zum Kimono getragene Gürtel. Auch der zur korrekten Sportkleidung in den aus Japan stammenden Sportarten gehörige Gürtel wird Obi genannt.

Das Wort Obi kommt häufig in deutschen Kreuzworträtseln vor. *DF, DGF, DUW, GFL, FL, Br (beide nur Neutrum)*

Obi der oder das; -[s], -s

Gürtel der Kampfbekleidung im Judo.

In den japanischen Wörterbüchern wird Obi als ein einziges Stichwort geführt, und es wird bei Kimura mit Gürtel, Leibbinde übersetzt. Schinzinger gibt als Bedeutung Kimonogürtel an. Da die Kampfbekleidung beim Judo japanische Kleidung in dem Sinn ist, dass sie nach Schnitt und Stil dem Kimono gleicht, entspricht das der Auffassung, dass das Wort Obi nur auf japanische Kleidung anzuwenden ist, dort aber auf jede Art des Gürtels. Im Deutschen dagegen scheint eine Bedeutungsverschiebung eingetreten zu sein, wonach der Obi zur Sport- oder Kampfbekleidung nicht mehr unter dem gleichen Stichwort eingeordnet werden kann wie der Obi zum Kimono, der hier häufig nur mit dem Kimono für Damen assoziiert wird. *DUW, Br*

O-cha

der japanische (grüne) Tee

In den deutschen Fremdwörterbüchern ist das Wort *cha* oder *o-cha* nicht verzeichnet, obwohl es in vielen Texten genannt wird und auch sehr vielen Japan-Kennern bekannt ist. In Komposita ist es dagegen mehrfach vertreten: Chaire, Chaki, Chanoyu und Chashitsu werden durchaus als Fremdwörter des Deutschen angesehen, und in allen ist das Wort *cha*, Tee, enthalten.

Unter *cha* oder *o-cha* wird der grüne, nicht oder nur schwach fermentierte Tee verstanden. Er ist in Japan ein sehr alltägliches Getränk. Meistens wird er heiß getrunken, kann aber auch eisgekühlt genossen werden. Es gibt ihn in sehr unterschiedlichen Qualitäten.

Das vorgestellte o- ist eine Silbe, die Verehrung ausdrückt und oft bei Lebensmitteln verwendet wird: *o-mizu*, kaltes Wasser, *o-yu*, heißes Wasser, *o-kome*, Reis, *o-bentô*, verpacktes Essen für unterwegs. Sogar dem Fremdwort *biiru* (Bier) wird das *o-* vorangestellt zu *o-biiru*. *Ki, Sch*

O-furo siehe Furo

Ogi das; -[s], -[s], auch der

Klappfächer, aus *ôgi*, Fächer

Sowohl der Klappfächer, *ôgi*, als auch der Blattfächer, *uchiwa*, sind in Japan im Alltag im Gebrauch. Man sieht nicht nur Frauen

und Mädchen, sondern auch Männer in der Sommerhitze mit dem Fächer in der Hand sich Kühlung zufächeln.
Als Requisit beim klassischen Tanz wird fast ausschließlich der Klappfächer verwendet. Dafür gibt es besondere Ausführungen, die mit Blattgold belegt oder mit Miniaturbildern oder Kalligraphie bemalt sind. Auch als Malgrund war die Fächerform in der klassischen Malerei beliebt.
Warum im Duden allerdings das Neutrum angegeben ist, bleibt unklar. Wahrscheinlicher ist, dass das Wort maskulin gebraucht wird, parallel zu Fächer. *DGF, GFL, FL*

Okinawa
eine südlich der vier Hauptinseln gelegene Inselgruppe mit eigener Kultur und Sprache, nach 1945 Flottenstützpunkt der Amerikaner. *Br 1932, Br, Sch*

Oribe-yaki

Origami das; -[s]
Papierfalten, aus *oru*, falten, und *kami*, Papier
Origami ist eine in Japan beliebte Volkskunst. Es gibt zahlreiche Wettbewerbe, und beispielsweise im Fernsehen oder in Zeitschriften werden von Künstlern immer neue Faltformen präsentiert.
Die Grundform ist ein Quadrat unterschiedlicher Größe. Fertig zugeschnittene Papiere in allen Größen und Farben werden im Handel angeboten. Auch Papiere mit den traditionellen Mustern von Kimonostoffen sind beliebt. Die Kunst wird in der Familie tradiert. Als Geschicklichkeitsübung für Kinder wird das Falten von Tierfiguren oder Blumen im Kindergarten und in der Schule ausgeführt.
Der Duden weist darauf hin, dass gefaltete Figuren als symbolträchtiger Verpackungsschmuck Verwendung finden. Auch Glückwunschkarten werden mit Origami geschmückt. Eine der bekanntesten Faltfiguren ist der Kranich, der als Symbol für

langes Leben zu Tausenden die Monumente in Hiroshima ziert. *DF, DGF, DUW, Br 1932, Br, Ki, Sch*

ポケモン

Pokemon das; -[s], -[s]

Comicfigur, Kurzwort aus (englisch) *pocket* und (englisch) *monster*

Pokemon ist eine Comicfigur für Kinder. Das Wort ist zwar aus englischen Bestandteilen zusammengesetzt, ist aber in Japan entstanden und von dort aus in der Welt verbreitet worden. Viele Deutsche, die das Wort kennen, wissen nicht, dass es aus Japan kommt. *DF, Br*

蘭学

Rakan der; -[s], -s
Jünger Buddhas, aus *ra*, aufreihen, einordnen, und *kan*, Mann
Arhat ist die indische Bezeichnung (Sanskrit) für die Jünger Buddhas. Im Mahayana-Buddhismus werden die Jünger (chinesisch: Lohan) oft als Gruppe von fünfhundert Männern dargestellt. Bei Kimura kommt das Wort nur im Plural vor. *DF, DGF, Ki, Sch*

Raku das; -[s]
in Japan Rakuyaki, aus *Raku*, nach der Töpferfamilie, und *yaki*, Gebranntes
Raku ist der Name einer Töpferfamilie, die Anfang der Momoyama-Zeit (um 1600) für eine besondere Art der Keramik berühmt wurde. Raku-Keramik ist schwarz oder rot und wurde immer von Hand modelliert. Raku-Teeschalen gehörten zu den begehrtesten Sammlerstücken des 20. Jahrhunderts weltweit.
Das Wort Raku oder Rakuyaki gehört eher in ein Fachwörterbuch. *DF, DGF, Br 1933, Br*

Rakugo das
Kleinkunst, aus *raku*, fallen lassen, und *go*, Wort, Erzählung
Rakugo ist eine Art Kabarett, bei dem ein Alleinunterhalter kleine Geschichten, Witze oder Kommentare zu aktuellen Themen, oft auch politische Kritik, vorträgt. Heute gibt es nur noch wenige Künstler, die dieses Genre beherrschen.
Schinzinger erklärt es als japanisches Brettl-Theater, Kimura als berufsmäßiger Geschichtenerzähler. *Ki, Sch*

Raku-yaki siehe Raku *Br 1933, Br*

Randori das; -

freies Üben, aus *ran*, Unordnung, und *toru*, nehmen

Randori ist ein Fachwort aus dem Judo. Es wird gebraucht, um ritualisierte Sequenzen der Übung von solchen Übungseinheiten zu unterscheiden, die von jedem Teilnehmer selbst gestaltet werden können. *DGF, GFL, Sch*

Rangaku

das Studium der westlichen Wissenschaften während der Abschließung Japans

aus *ran*, mittlerer Bestandteil des Fremdwortes Oranda für Holland, und *gaku*, Studium. In der Zeit der Abschließung (1620 bis 1853) war es nur den Niederländern erlaubt, in Japan Handel zu treiben. Dazu hatten die Holländer eine kleine Niederlassung auf der Halbinsel Deshima im Hafen von Nagasaki. Ihr Kontakt mit Japanern wurde streng kontrolliert, aber einige wissenschaftliche Erkenntnisse. z. B. aus der Medizin, kamen über die Holländer ins Land. Das Studium dieser westlichen Wissenschaft, auch das Studium der holländischen Sprache, wurde Rangaku, holländische Wissenschaft, genannt. *Br, Ki, Sch*

Rashomon

Name eines Stadttores

Durch eine Verfilmung einer bekannten Erzählungen des 20. Jahrhunderts in Japan von und mit Akira Kurozawa ist Rashomon im Westen sehr bekannt geworden. Es geht um einen Kriminalfall im Mittelalter, der aus der Sicht verschiedener Beteiligter und Zeugen unterschiedlich geschildert und interpretiert wird. *Br*

Reiki das; -s

Aus den Wörterbüchern geht nicht hervor, mit welchen Schriftzeichen das Wort geschrieben wird. Der Duden übersetzt es mit «universale Lebensenergie».

Reiki ist eine Heilmethode, bei der durch Handauflegen die Energie des Universums Körper, Geist und Seele heilen soll. *DF, DGF, Br*

Rikisha siehe Rikscha *Br 1933, Ki, Sch*

Rikscha die; -, -s
Wagen zur Personenbeförderung, Kurzwort aus *jin*, Mensch, *riki*, Kraft, und *sha*, Wagen
Obwohl das Wort Rikscha zweifelsfrei japanischer Herkunft ist, ist es in Japan unbekannt. Die japanischen Wörterbücher verzeichnen es nicht. Bekannt ist es allerdings in seiner vollständigen Form, *jinrikisha*, das sowohl bei Schinzinger als auch bei Kimura mit dem deutschen Fremdwort Rikscha übersetzt wird.
Die Jinrikisha ist um 1870 von einem christlichen Missionar in Japan «erfunden» worden. Er hatte eine Sitzgelegenheit auf einen zweirädrigen Karren montiert und damit eine schnellere und bequemere Art des Reisens möglich gemacht als die bis dahin gebräuchlichen Sänften oder Ochsenkarren. Die ersten Jinrikishas wurden mit Muskelkraft gezogen. Bald war der Beruf des Rikschamannes ein lukratives Gewerbe. Von Japan wurde das Wort zusammen mit dem Gefährt nach China und auch in andere ostasiatische Länder exportiert, allerdings ohne die erste Silbe. Im amerikanischen Englisch wird das Wort mit ck geschrieben und als Aussprachehilfe ein –w angefügt: rickshaw (Webster).
Heute werden Rikschas vor allem in Südostasien mit einem Fahrrad- oder Motorradantrieb versehen. In Japan sind die letzten Rikshas in den sechziger Jahren des 20. Jahrhunderts ausgemustert worden, aber es gibt Versuche, diese Art der Beförderung im Rahmen des Tourismus wieder einzuführen. *DF, DGF, DUW, GFL, FL, Br*

Rin
als Längenmaß; 0,30 mm
als Handelsgewicht 0,0375 g = 1/10 Fun = 1/100 Momme
Das Wort ist veraltet. Kimura verzeichnet unter dem Stichwort: 1/10. Sen. *Br 1933, Br, Ki, Sch*

Riobuschinto siehe Ryobushinto *DGF*

Ronin der; -, -s
Herrenloser Samurai, aus *rô*, Unordnung, Verschwendung, und *nin*, Mensch
Hatte ein Samurai seinen Herrn durch Tod oder durch unehrenhafte Entlassung verloren, wurde er zum Vagabund. Er durfte keiner handwerklichen oder kaufmännischen Arbeit nachgehen, und so verlor er auch seine materielle Grundlage. Viele der herrenlos gewordenen Samurai versetzten als Räuber und Banditen die Bevölkerung in Angst und Schrecken, wie es in Kurozawas Film «Die sieben Samurai» eindrucksvoll geschildert wird.
Eine sehr bekannte Geschichte erzählt von 47 Ronin, die den Freitod ihres Herrn rächen wollten. Zur Tarnung gaben sie sich als verkommene Herumtreiber aus, um dann im entscheidenden Moment den Schuldigen, der ihren Herrn in den Tod getrieben hatte, zu ermorden. Anschließend begingen sie alle gemeinsam Seppuku. In einem Tempel in Tokyo kann man noch heute die Gräber dieser Ronin besuchen.
Die Bedeutung des Wortes *rônin* hat sich in Japan in der Neuzeit grundlegend verändert. Bis in die neunziger Jahre verstand man unter Ronin einen angehenden Studenten, der die Aufnahmeprüfung zur Universität nicht geschafft hatte und sich noch ein Jahr auf die nächste Chance vorbereiten musste. Heute meint man mit *rônin* oft einen Arbeitslosen. Die moderne Arbeitswelt bedient sich oft der Fachwörter aus der Welt der Samurai. *DF, DGF, FL, Br, Ki, Sch*

Ryobushinto der; -

Einheit von Shinto und Buddhismus, aus *ryô*, beide, *bu*, Teil, und *shintô*, Shinto

Bis Mitte des 19. Jahrhunderts waren Shinto und Buddhismus nicht klar voneinander getrennt. Die Heiligtümer dienten beiden Religionen als Kulträume. Daher findet man auch heute noch oft Shinto-Schreine in einem buddhistischen Tempelbezirk und kleine Tempel im Schreingelände. Die Shinto-Göttin Amaterasu wurde beispielsweise mit dem Buddha des Lichts gleichgesetzt. Diese Verbindung der beiden Religionen war als Ryobushinto bekannt. Seit der Meiji-Zeit wurden die beiden Religionen mehr und mehr voneinander getrennt. *DGF, Br 1933, Br, Ki, Sch*

酒

Sake der; -

Aus Reis gewonnenes alkoholisches Getränk, aus *sake*, Reiswein

Sake ist ein süßlich schmeckender, etwa 16prozentiger Reiswein oder Reisschnaps. Er wird meist warm getrunken («so warm wie die Haut einer Frau»). *DF, DGF, DUW, GFL, FL, Br 1933, Br, Ki, Sch*

Sakura die

Zierkirschbaum, aus *sakura*, Kirsche

Kirschbäume wurden in Japan traditionell der Blüten wegen gezüchtet. Die Kirschblüte gilt als Sinnbild Japans. Ein Sprichwort sagt: «*hana wa sakura, ningen wa bushi.*» (Die schönste unter den Blumen ist die Kirschblüte, der beste unter den Menschen ist der Samurai.) Der Samurai wird mit der Kirschblüte verglichen: wie die Kirschblüte eben noch in voller Blüte steht und dann abfällt, so muss der Samurai (im Kampf) sterben.

Die Kirschblütenschau (*sakuragari*) ist eins der großen Ereignisse im Jahreslauf des traditionellen Japan. Auch heute noch ziehen, wenn die Kirschen in voller Blüte stehen, die Menschen in die Parks und an die Flußufer, um die blühenden Bäume zu bewundern.

Kirschsorten mit essbaren Früchten werden heute in Japan auch genutzt. *Ki, Sch*

Samisen das oder die; -, -

Saiteninstrument, aus *san*, drei, *mi*, (Geschmack), und *sen*, Schnur, Saite

Samisen ist ein langhalsiges, gitarrenähnliches Musikinstrument, das mit einem Plektron gezupft wird. Es wird vor allem als Begleitung zum Gesang des Nagauta sowie in Kabuki und Bunraku verwendet. *DF, DGF, FL, Br 1933, Br, Ki, Sch*

Samurai der; -[s], -[s]

Krieger, aus *samurai*, (ursprünglich: Dienender)

Das Schriftzeichen, das auch *haberu* ausgesprochen wird, weist noch auf die ursprüngliche Bedeutung von Samurai hin: er diente dem Kaiser. Das Wort *samurai* bezeichnet sowohl den einzelnen Angehörigen der Krieger-Kaste als auch deren Gesamtheit.

Im Mittelalter (12. Jahrhundert) beherrschten zwei große Familien die Samurai-Klasse: die Taira (oder Heike) und die Minamoto (oder Genji). Diese beiden rivalisierenden Familien bekämpften einander erbittert in den großen Gempei-Kriegen.

In der Edo-Zeit waren die Samurai Vorbild für die gesamte japanische Gesellschaft. Die Samurai-Tugenden (siehe *bushido*) wie Gehorsam und absolute Treue werden bis heute in der Wirtschaft als Voraussetzung für den Erfolg angesehen.

Die Samurai-Kampfkünste sind eng mit dem Zen-Buddhismus verbunden. Die Tee-Zeremonie und die Zen-Meditation dienten als Vorbereitung für den Kampf. *DF, DGF, DUW, GFL, FL, Br 1933, Br, Ki, Sch*

Sarariman

Angestellter, aus (engl.) salary und (engl.) man

Im Zusammenhang mit der japanischen Wirtschaft wird oft vom *sarariman*, dem typischen Angestellten in Japan gesprochen. Die Wortbildung ist deshalb interessant, weil hier zwei Elemente des japanischen Englisch zusammengefügt worden sind, die als Ganzes eine neue Bedeutung angenommen haben.

Als einziges Wörterbuch enthält Schinzinger das Wort, obwohl es in Texten sehr häufig gebraucht wird. Unsere Ausgabe des Kimura kann das Wort nicht enthalten, denn es entstand erst nach dessen Erscheinen. *Sch*

Sashimi

Roher Fisch in Scheiben, aus *sashimi*

Sashimi ist der bereits in mundgerechte Stücke zerteilte rohe Fisch, der in Japan zu (ungewürztem) Reis gegessen wird. In vielen Rezepten der japanischen Küche, auch in vielen Restaurants wird dieses Wort gebraucht. Schinzinger gebraucht Sashimi im Neutrum als deutsches Fremdwort zur Erklärung. Er bildet auch das Kompositum Thunfischsashimi. Die deutschen Fremdwörterbücher enthalten das Wort nicht. *Ki, Sch*

Satori

Erleuchtung, Erkenntnis, Verstehen

Schinzinger übersetzt *satori* mit dem deutschen Fremdwort das Satori. Obwohl dieses in deutschsprachigen Texten oft als Fremdwort verwendet wird, ist es in keinem der deutschen Fremdwörterbücher zu finden. Es wird in Japan häufig gebraucht im Zusammenhang mit Kunst und Religion. Satori wird auch als der Zustand des Nirwana erklärt. *Br, Ki, Sch*

Satsuma das; -[s]

Töpferware, nach dem früheren Namen der Provinz Kagoshima auf Kyushu. Wie bei Arita oder Imari wird das aus Japan importierte Porzellan oft nach dem Herkunftsort genannt. Satsuma-Porzellan zeichnet sich durch eine sehr fein gesprungene elfenbeinfarbige Glasur aus. Im Japanischen heißt das Kompositum *satsumayaki. DF, DGF, GFL, FL, Br 1933, Br, Ki*

Satsuma die; -, -s

Auch die Satsuma, eine Mandarinenart, ist nach ihrer Herkunft aus der Provinz Satsuma auf Kyushu benannt. *DF, DGF, DUW, Br*

Satsuma-Aufstand

Nachdem Japan sich 1853 dem Ausland öffnen musste, gab es starke, einander entgegengesetzte politische Strömungen im Land. Die Daimyo von Satsuma waren Befürworter einer Modernisierung des Landes, mussten sich aber gegen Widerstand in den eigenen Reihen zur Wehr setzen. Der Satsuma-Aufstand von 1877 wurde von Saigô Takamori angeführt. *Br 1933, Br*

Schaku der; -, -
siehe Shaku *DGF, Br 1933, Br*

Schamisen siehe Samisen
Die Aussprache von Samisen legt nahe, dass auch die eingedeutschte Schreibweise Schamisen im Wörterbuch zu finden sein sollte. Schinzinger nennt auch die Schreibweise Shamisen, gibt aber die Bedeutung bei Samisen an. *DF, DGF, FL, Sch*

Schinto siehe Shinto *DGF, GFL*

Schintoismus der; -
Bei der Wortbildung Schintoismus aus *shintô*, Weg der Götter, und dem neulateinischen Wortbildungselement –ismus handelt es sich um eine Parallele zu Hinduismus, Konfuzianismus oder Buddhismus.
In einigen Wörterbüchern ist diese eingedeutschte Form als einzige Schreibweise aufgeführt. Als Bedeutungsangabe finden wir dort: die durch Naturverehrung und Ahnenkult gekennzeichnete einheimische Religion Japans. *DF, DGF, DUW, GFL, FL, Br 1933, Br*

Schintoist u. Shintoist der; -en, -en
Anhänger der Shinto-Religion
Aus dieser Bedeutungsangabe geht nicht hervor, dass die Zugehörigkeit zum Shintoismus nicht durch Bekenntnis oder durch Glauben erworben werden kann, sondern dass grundsätzlich jeder, der von japanischen Eltern geboren worden ist, ein Nachkomme der Götter und damit ein Anhänger dieser Religion ist. Erwerben kann die Zugehörigkeit zu dieser Religion nur, wer von japanischen Eltern adoptiert wird und dadurch in eine

Ahnenreihe aufgenommen wird, die letzten Endes die Verbindung zwischen den Lebenden und den Göttern herstellt. Diese Zugehörigkeit zu einer Gemeinschaft zwischen Göttern und Menschen, die sich am deutlichsten ausprägt in dem Glauben an die Abstammung des Kaiserhauses von der Sonnengöttin Amaterasu, erklärt viel über das Selbstverständnis der Japaner. *DF, DGF*

Schintoistin die; -, -nen
weibliche Form zu Schintoist *DF*

schintoistisch
den Schintoismus betreffend *DF, DGF, GFL, FL*

Schochiu siehe Shochu *DGF*

Schodschi siehe Shoji *DGF*

Schogun siehe Shogun *DF, DGF, DUW, GFL, FL, Br*

Schogunat das; -[e]s
Herrschaft des Shoguns, aus *shôgun*, militärischer Herrscher
Über 600 Jahre, von 1283–1868, wurde Japan von Shogunen regiert. Die Provinzfürsten, Daimyos, waren dem Shogun unterstellt.
Da es sich hier um eine Wortbildung mit einem neulateinischen Element handelt, ist die Aufnahme dieser Schreibweise ins Wörterbuch sinnvoll. Das Wort ist ins Deutsche gekommen, als die meisten Deutschen mit der englischen Schreibweise noch nicht vertraut waren. Allerdings hat der Brockhaus seinen Benutzern bereits 1933 zugetraut, die Schreibweise mit sh zu akzeptieren. *DF, DGF, GFL, FL, Br*

Schoji siehe Shoji *DGF*

Seido das; -s, -s
Bronze, aus *sei*, blaugrün, und *dô*, Kupfer
Das Große Duden-Fremdwörterbuch gibt als Bedeutung an: Kupfer-Blei-Legierung, die u. a. für Lager verwendet wird. Diese Erklärung ist unklar. Welche Lager? Kimura nennt es: Verfeinertes Kupfer. *DGF*

Seki das; -s, -s
Stellung im Go-Spiel, aus *seki*, Platz, Raum
Es handelt sich um eine Patt-Situation im Go-Spiel, in der keiner der Spieler gewinnen kann. Das Wort gehört eher in ein Fachwörterbuch. *DGF, GFL*

Sen der; -[s], -[s]
alte Geldeinheit, aus *sen*, Münze, Geld
Der Sen war bis Mitte des 20. Jahrhunderts gebräuchlich. Hundert Sen sind ein Yen. Der Brockhaus weist darauf hin, dass die Sen-Münze erst im Zuge der Europäisierung dem westlichen Münzwesen angepasst wurde. Davor gab es Bronze- und Eisenmünzen, die ebenfalls schon Sen genannt wurden. *DF, DGF, DUW, GFL, Br 1934, Br, Sch*

Senryu das; -[s], -s
humoristisches Kurzgedicht; nach dem Begründer Karai Senryu
Das Senryu entspricht formal einem Haiku, d. h. es folgen eine fünfsilbige, eine siebensilbige und eine fünfsilbige Zeile aufeinander. Das Senryu unterscheidet sich vom Haiku durch seinen satirischen, humoristischen Inhalt. *DGF, Br*

Sentoku das; -
Herkunft und Schriftzeichen unklar
Der Duden nennt als Bedeutung «eine japanische Bronzelegierung»; das Wort soll über das Japanische aus dem Chinesischen kommen. Der Brockhaus 1934 erklärt, dass die Bronzelegierung einen starken Zinkzusatz enthält, ähnlich der chinesischen Bronze

des 15. Jahrhunderts. Die japanischen Wörterbücher verzeichnen das Wort nicht. Vermutlich handelt es sich auch im Japanischen um ein Fachwort. *DGF, Br 1934, Br*

Seppuku das; -[s], -s

Ritueller Selbstmord; aus *setsu*, schneiden, und *fuku*, Bauch

Bei uns wird der rituelle Selbstmord durch Aufschlitzen des Bauches meist Harakiri genannt. Japaner benutzen dieses Wort sehr selten. Es klingt vulgär. Für Japaner ist dieser ehrenhafte Freitod *seppuku*. Es sind die gleichen Schriftzeichen in einer anderen Lesung. Kimura erklärt *seppuku* mit: das Harakiri. GFL, Brockhaus 1934 und Br verweisen auf das Wort Harakiri.

Beim Seppuku spielt die Ehre eine große Rolle. Dieser Freitod kann aus eigenem Willen geschehen, um eine Verfehlung zu sühnen. Er kann aber auch als Sühne für eine Verfehlung von einem Herrn befohlen werden. Durch diese Art des Selbstmordes kann eine Schuld getilgt werden.

Das Wort Harakiri kam vermutlich durch den Schauspieler Kawakami Otojiro in die westlichen Sprachen. Kawakami unternahm Ende des 19. Jahrhunderts mit seiner Frau Sada Yakko und einer zusammengewürfelten Schauspielertruppe einige Gastspielreisen durch die USA und mehrere europäische Länder und erzielte hier ungeheure Erfolge. Er zeigte unter anderem ein Stück, das er «Harakiri» nannte, in dem er sehr realistisch einen Selbstmord durch Bauchaufschlitzen darstellte. *DF, DGF, DUW, GFL, Br 1934, Br, Ki, Sch*

Seto

Name eines kleinen Ortes in der Provinz Aichi, Zentrum der Kunsttöpferei. Die Keramik soll dort schon seit dem 13. Jahrhundert betrieben worden sein. Der Brockhaus 1934 weist darauf hin, dass das Wort *setomono*, Dinge aus Seto, im Japanischen allgemein für Töpferei gebraucht wird. *Br 1934, Br*

Setojaki siehe Setoyaki *DGF*

Setomono
Dinge aus *Seto*, Keramik, Töpferwaren
Kimura nennt auch die allgemeinere Bedeutung Porzellan, beispielsweise in der Zusammensetzung Porzellanladen. *Br 1934, Br, Ki, Sch*

Setoyaki das; -s
Töpferware aus *Seto*, einer Stadt in Aichi-ken, und *yaki*, Gebranntes, Steingut
Der Duden spricht von künstlerisch hochwertiger Keramik, besonders für die Teezeremonie. Kimura enthält nur das Stichwort Setomono, gibt aber die gleiche Bedeutung an. *DGF, Sch*

Shaku der; -, -
Längenmaß; aus *shaku*, Fuß
Ein *shaku* hat eine Länge von 30,3 cm. Das Wort wurde auch allgemein als Maß oder Abmessung verwendet. Heute wird in Japan nicht mehr in *shaku* gemessen, aber in der klassischen Literatur kommt das Wort oft vor. *DGF, Br 1934, Br, Ki, Sch*

Shamisen das oder die; -, – siehe Samisen *FL, Br, Ki, Sch*

Shiai der; -, -
Wettkampf (beim Judo), aus *shi*, prüfen, und *ai*, treffen
Es kann sich dabei sowohl um ein einzelnes Spiel als auch um ein Turnier handeln. *GFL, Ki, Sch*

Shiatsu das; -[s]
Akkupressur, aus *shi*, Finger, und *atsu*, Druck
Shiatsu ist in den letzten Jahren in Deutschland sehr bekannt geworden. Es handelt sich dabei um eine Behandlung zur Schmerzlinderung durch Druck auf bestimmte Nervenzentren.

Schinzinger nennt nur das Stichwort *shiatsuryôhô*, Akkupressurbehandlung oder –Therapie. *DF, DGF, Br, Sch*

Shibuichi das; -,

Silber-Kupfer-Legierung, aus *shi*, vier, *bu*, Teil, und *ichi*, eins

Shibuichi bedeutet ein Viertel, der vierte Teil. Es ist in der Kunstwelt bekannt geworden als Bezeichnung für eine Silber-Kupfer-Legierung, die aus drei Teilen Kupfer und einem Teil Silber besteht. Im Brockhaus 1934 ist das Wort fälschlicherweise *shibuishi* geschrieben. *FL, Br 1934, Ki*

Shichifukujin

Sieben Glücksgötter, aus *shichi*, sieben, *fuku*, Glück, und *jin*, Gottheit

Die Religion der Japaner ist eine Mischung aus verschiedenen Strömungen. In Shinto und Buddhismus ergänzen sich zwei große Weltreligionen, aber daneben haben sich Einflüsse aus Indien und China behauptet. Die sieben Glücksgötter gehen zum Teil auf Glaubensvorstellungen der Inder zurück, ein anderer Teil bildet chinesische Gestalten ab. Der Volksglauben hat sie im 17. Jahrhundert zu dem Ensemble der sieben Gottheiten zusammengefügt. Zu den Shichifukujin gehören: Benten, Bishamon, Daikokuten, Ebisu, Fukurokuju, Hotei und Jurojin. Sie kommen auf einem Schiff, beladen mit Schätzen, übers Meer gesegelt. Vor allem zu Neujahr werden Bilder oder Figürchen der Glücksgötter verschenkt. Es gibt aber auch ihnen geweihte Tempel, beispielsweise auf der Insel Itsukushima (Miyajima). *Br 1934, Br, Ki, Sch*

Shigaraki-yaki

Töpferwaren aus Shigaraki

Vor allem Gefäße für die Teezeremonie wurden seit dem 16. Jahrhundert in Shigaraki hergestellt. Sie zeichnen sich durch kleine Quarz-Einschlüsse in der grünlichen Überglasur aus. Auch hierbei handelt es sich um ein Fachwort, das auch in Japan wenig bekannt ist. *Br 1934*

Shiitakepilz der; -es, -e

japanischer Edelpilz, aus *shii*, eine Eichenart, und *take*, Pilz

Der Shiitake, Cortinellus Shiitake, ist ein in Japan heimischer Blätterpilz, der an Stämmen von Eichen oder Bambus wächst. Heute wird er als Speisepilz kultiviert. Das Kompositum mit dem deutschen Wort Pilz ist ein Pleonasmus. *Take* bedeutet Pilz. Bei Kimura und Schinzinger erscheint folglich auch nur das Stichwort *shiitake*. *DF, DGF, Br, Ki, Sch*

Shima

Insel

Im Brockhaus von 1934 ist dieses Wort als Stichwort enthalten, und als Erklärung wird nur die Übersetzung Insel angegeben. Vermutlich war für die Aufnahme die Überlegung ausschlaggebend, dass sehr viele japanische Ortsnamen mit der Endung *-shima* gebildet werden. In der aktuellen Ausgabe ist das Wort nicht mehr enthalten. *Br 1934*

Shime-Waza der; -, -

Würgegriff, aus *shimeru*, zusammenziehen, straff ziehen, und *waza*, Kampfgriff

Wie so viele der japanischen Fremdwörter gehört auch dieses eher in ein Fachwörterbuch des Sports. *GFL*

Shingon-Sekte

Glaubensgemeinschaft des tantrischen Buddhismus, aus *shingon*, Wahrheit

Die Shingon-Sekte wurde 806 von Kukai gegründet. Sie hat ihren Hauptsitz auf dem Koyasan, einem Berg bei Kyoto, der verschiedene buddhistische Glaubensgemeinschaften beherbergt. Kimura bezeichnet die *shingon-shû* als «Quintessenz des esoterischen Buddhismus». *Br 1934, Br, Ki, Sch*

Shinto der; -,

Weg der Götter, aus *shin*, Gottheit, und *tô*, Weg

Im Wesentlichen besteht der Shinto aus einer Mythologie, die von der Entstehung der Welt und von der Abstammung der Menschen (bzw. der Japaner) von den Göttern erzählt. Durch die Reihe seiner Ahnen, der verstorbenen Vorfahren, ist jeder Japaner mit den Göttern verbunden. Siehe auch Schintoismus *DGF, FL*

Shintoismus siehe Schintoismus *DF, DUW, GFL, FL, Br 1934, Br*

shintoistisch siehe schintoistisch *GFL*

Shitake siehe Shiitake
Der Brockhaus von 1934 enthielt noch die Schreibweise Shitake. In der aktuellen Ausgabe ist die Schreibweise in Shiitake berichtigt. *Br 1934*

Shitenno
Die vier Himmelskönige, aus *shi*, vier, *ten*, Himmel, und *ô*, König
Die vier Himmelswächter schützen nach buddhistischer Auffassung die Welt vor Dämonen. Sie sind aus indischen Devas hervorgegangen. In den Torgebäuden buddhistischer Heiligtümer stehen sie meist als überlebensgroße Plastiken mit bunt bemalten Gesichtern. *Br 1934, Br, Ki, Sch*

Shizoku
Kriegerstand, aus *shi*, Samurai, Dienender, und *zoku*, Familie, Haushalt
Shizoku ist eine soziale Rangstufe der Meiji-Zeit. Nach Abschaffung des Feudalsystems gingen aus den traditionellen Samurai-Familien die Shizoku hervor. *Br 1934, Br, Ki, Sch*

Sho
Hohlmaß, es beträgt ein Hundertstel Koku = 1,80 l. Im Brockhaus 1934 wird es Shoo geschrieben. *Br 1934, Br, Ki, Sch*

Shobu der; -, -
Übungskampf, aus *shô*, Sieg, und *fu*, verlieren, besiegt werden
Mit dem Wort wird die unentschiedene Situation beschrieben, wobei beide Kontrahenten die gleiche Chance und gleiche Stärke haben. *GFL, Ki, Sch*

Shochu der; -s
japanischer Branntwein, aus *shô*, brennen, und *chû*, Alkohol, Schnaps
Shochu wird wie Sake aus Reis gewonnen, hat aber im Gegensatz dazu einen Alkoholgehalt von etwa 40%. *DGF, Ki, Sch*

Shogun der; -[s], -e
Militärherrscher, General, aus *shô*, Offizier, und *gun*, Militär
Shogun ist ein militärischer Rang, der Oberbefehlshaber über das ganze Land. Der Titel war erblich. Von 1283 bis 1867 übte der Shogun die faktische Herrschaft über das Land aus. Der Kaiser hatte während dieser Zeit keine politische Macht. *DF, DGF, DUW, GFL, FL (beide nur Verweis), Br 1934, Br*

Shogunat vgl Schogunat *DF, Br*

Shoin
Speisewürze
Das Wort ist nur im Brockhaus 1934 verzeichnet, im aktuellen Brockhaus ist es nicht mehr enthalten. Auch die japanischen Wörterbücher kennen es nicht. Der Brockhaus 1931 verweist auf das Wort Sojabohne. *Br 1934*

Shoji die; -
durchscheinende Schiebetür, aus *shô*, Barriere, und *ji* (Wortbildungselement)
Shoji ist eine Art Fenster in der traditionellen japanischen Architektur. Die Schiebetüren zwischen einem überdachten Gang und dem Innenraum bestehen aus einem Holzrahmen mit Lattengit-

ter, das mit durchscheinendem Papier beklebt ist und so das Licht von außen hereinlässt. Früher wurde das Papier mindestens einmal im Jahr, zu Neujahr, erneuert. Heute sind Shoji meist aus Mattglas. *(DGF), Br, Ki, Sch*

Shoso-in

Schatzhaus, aus *shô*, richtig, ehrbar, *sô*, Speicherhaus, und *in*, Sakralbau

Im Brockhaus 1934 ist die Schreibweise noch mit zwei Punkten über dem i zu finden, im aktuellen Brockhaus ist sie durch einen Bindestrich zwischen den beiden letzten Silben ersetzt worden.

Der Shoso-in ist ein um 752 gebautes kaiserliches Schatzhaus im Gelände des Todaiji in Nara. Es enthält vor allem eine Stiftung der Kaiserin Komyo an den Daibutsu. Es handelt sich um Spiegel, Waffen, Musikinstrumente, Kleidungsstücke und kunstgewerbliche Gegenstände aus der Nara-Zeit. *Br 1934, Br, Sch*

Showa

Zeitalter, Ära 1925–1989; aus *shô*, hell, klar, und *wa*, ruhig

Der Name des Zeitalters entspricht dem Regierungsmotto des jeweiligen Kaisers. Das Showa-Zeitalter war die Regierungszeit des Kaisers Hirohito. Er war 64 Jahre lang Kaiser von Japan. Im Jahr 1945 musste er auf Druck der Amerikaner seinen göttlichen Status leugnen.

Keins der deutschen Fremdwörterbücher verzeichnet das Wort, obwohl es in den unterschiedlichsten Texten sehr häufig gebraucht wird. *Br*

Shoyu die, -

Sojasoße, aus *shô*, Soja(bohne), und *yû*, Öl

Sojasoße ist die am meisten verwendete Speisewürze in Japan neben Glutamat.

Sojasoße wird in verschiedenen Ländern Ostasiens hergestellt und verwendet, aber Japan hat eine eigene Rezeptur und Art der Verwendung. *Ki, Sch*

Sikahirsch der; -[e]s, -e
eine japanische Hirschart, aus *shika*, Reh, Hirsch
Shika ist eine in Japan und China heimische kleine Rotwild-Unterart mit rötlich-braunem, weiß geflecktem Fell. Das Geweih ist acht- bis 10-endig. Der Brockhaus 1934 spricht von Pseudaxis sika. Bekannt sind die zahmen Sikahirsche von Nara und Miyajima. Der Hirsch ist das Begleittier des Glücksgottes Jurojin.
Die Wortbildung Sikahirsch ist ein unechtes Kompositum. Die Bedeutung von Shika ist in dem Wort Hirsch bereits enthalten. Bei Kimura und Schinzinger ist naturgemäß nur das Stichwort *shika* zu finden. *DF, DGF, GFL, FL, Br 1934, Br, Ki, Sch*

Soba
Buchweizen, auch Buchweizennudeln
Einige Restaurants, auch solche hier in Deutschland, haben sich auf Soba spezialisiert. Buchweizennudeln sind ein beliebtes Sommergericht. Sie werden nach dem Kochen gekühlt und mit einer säuerlichen Soße gegessen. *Br, Ki, Sch*

Sodoku das; -
Rattenbisskrankheit, aus *so*, Maus, Ratte, und *doku*, Gift
Eine schmerzhafte Infektionskrankheit mit nesselsuchtähnlichem Hautausschlag und Fieber, die durch Rattenbiss oder den Biss eines Ratten fressenden Tieres verursacht wird. Kimura spricht von Rattengift. *DF, DGF, Br 1934, Br, Ki*

Soja die; -, ...jen
Soja(bohne), aus *shô*, Soja, und *yu*, Öl
Es ist nicht mehr nachzuprüfen, wie das Wort Soja ins Deutsche gekommen ist. Es könnte von Japan über das Portugiesische, es könnte aber auch aus dem Indonesischen über das Niederländische gekommen sein. DGF verweist auf eine Herkunft aus dem Chinesischen, was aber nicht schlüssig erscheint. *DF, DGF, DUW, FL, Br*

Sojabohne die; -, -n
Eine Verbindung eines japanischen (oder vermeintlich japanischen) mit einem deutschen Wort findet leichter Eingang ins Deutsche als ein rein fremdsprachiges Wort. Bei der Überprüfung der Bekanntheit der Fremdwörter japanischer Herkunft konnte festgestellt werden, dass Zusammensetzungen mit einem deutschen Element wie Bonsaibaum, Kakipflaume oder Sojabohne vielen Deutschen geläufiger sind als die rein japanischen Wörter Bonsai, Kaki und Soja. *DF, DGF, DUW, GFL, Br 1934, Br*

Sojaöl das
Würzsoße, aus *shô*, Soja, und *yu*, Öl
Gleichbedeutend mit Sojasoße ist Sojaöl eine direkte Übersetzung des japanischen Wortes *shôyu*. *DUW, Br 1934, Br*

Sojasauce die, -, -n und Sojasoße die; -, -n
Eine Übersetzung des Wortes *shoyu*. Auch hier ist die Zusammensetzung eine Verstehenshilfe im Deutschen. *DF, DGF, DUW, Br 1934, Br*

Sojaspross der (Pl. -en, meist Pl.)
Sojasprossen sind eine Gemüseart, die sowohl in Japan als auch in China geschätzt wird. Sojasprossen werden heute auch in westlichen Ländern kultiviert. *DUW, Br*

Soka-gakkai, auch Sokagakkai
1930 gegründete Religionsgemeinschaft mit politischer Zielsetzung
Die Sokagakkai baut auf die Grundlagen der Nichiren-Sekte auf. Sie kümmert sich intensiv um soziale Belange, schränkt aber andererseits die persönliche Freiheit der Mitglieder ein. *Br, Sch*

Soroban der; -s, -e oder das
Abacus, aus *san*, rechnen, Zahl, und *ban*, Block, Platte

Soroban ist ein Rechenbrett, das in Form eines Holzrahmens mehrere Stege mit Holzperlen enthält. Ein Mittelsteg trennt vier Perlen auf der einen Seite, die Einer, von einer einzelnen Perle auf der anderen Seite, die eine Fünf repräsentiert. Für die Darstellung der Zehn wird ein Einer der nächsten Reihe verwendet. Durch Verschieben der Perlen zur Mitte bzw. von der Mitte weg können alle Zahlen dargestellt weden. Alle vier Grundrechenarten können mit Hilfe des Soroban durchgeführt werden. In den frühen achtziger Jahren waren japanische Schulkinder, die diese Rechenoperationen in der Schule trainierten, den frühen elektronischen Taschenrechnern an Schnelligkeit überlegen. *DGF, Br, Ki, Sch*

Sukiyaki das
Fleischgericht, aus *suki* (Schriftzeichen unklar) und *yaki*, Gebratenes
Gericht aus dünn geschnittenen Rindfleischscheiben und Gemüse, die in einer pikanten Brühe bei Tisch gegart werden. Kimura verwendet zur Erklärung das deutsche Fremdwort: das Sukiyaki. *Br, Ki, Sch*

Sumi-e
Tuschemalerei, aus *sumi*, Tusche, und *e*, Bild
Sumi-e ist ein traditioneller Malstil, der von China übernommen wurde. Mit Sumi-e kann sowohl eine Tuschezeichnung wie ein Landschaftsbild (in diesem Malstil) gemeint sein. *Br, Ki, Sch*

Sumo das; -
Art des Ringkampfes, aus *sô*, gemeinsam, helfen, und *boku*, schlagen
Die Schriftzeichen, mit denen Sumo geschrieben wird, entsprechen nicht der Aussprache des Wortes *sumô*. Das deutet darauf hin, dass die Schriftzeichen dem älteren japanischen Wort unterlegt worden sein könnten.
Sumô ist eine Sportart mit religiösem Hintergrund. Sie ist eng mit dem Shintô verbunden. In vielen Schreinen werden bei Volksfes-

ten Sumo-Wettkämpfe veranstaltet, die die Götter erfreuen sollen. Die Zeremonien um die Sumo-Turniere, die regelmäßig in Japan veranstaltet werden, beispielsweise das Werfen von Salz zu Beginn des Kampfes zur rituellen Reinigung der Arena, deuten ebenfalls auf Shinto-Rituale hin.
Schinzinger verwendet zur Erklärung das deutsche Wort das Sumo. *DF, DGF, DUW, Br, Ki, Sch*

Sumokampf der
Das Wort Sumo bedeutet die besondere Art des Ringkampfes. Das deutsche Element ist zur besseren Verständlichkeit angefügt. Dieses Wort ist eher als Unterpunkt zu dem Wort Sumo einzuordnen. *DUW, Br*

Sumoringer der
Dieses Kompositum könnte ebenfalls als Unterpunkt zu dem Stichwort Sumo eingeordnet werden. *DUW, Br*

Sumoringkampf der
Im GFL wird nur dieses Kompositum angegeben. Offensichtlich war in der DDR das Sumo noch wenig bekannt, so dass die Sprachbenutzer eine Verstehenshilfe brauchten. *GFL, FL*

Sumotori der; -[s], -[s]
Sumoringer, aus *sumo*, traditioneller Ringkampf, und *toru*, nehmen, ergreifen *DF, Br*

Sun
Längenmaß, etwa 3,03 cm
Der Brockhaus 1934 verweist auf das Längenmaß *shaku*, das 10 Sun beträgt. *Br 1934, Br, Ki, Sch*

Surimono das; -s, -s
Glückwunschbild, aus *suru*, drucken, und *mono*, Ding, Sache

Das Wort Surimono, Drucksache, bezieht sich auf einen Farbholzschnitt. Glückwünsche mit einem Bild und einem oder mehreren oft scherzhaften Gedichten wurden im 18. und 19. Jahrhundert zu Festlichkeiten wie Neujahr, Namensänderungen, Konzertankündigungen oder Dichterwettbewerben verschenkt oder ausgetauscht. Das Format ist unterschiedlich, z. B. 22,5 x 55 cm. Einige Museen besitzen wertvolle Sammlungen von Surimonos. *DF, DGF, Br, Ki, Sch*

Sushi das; -s, -s
Das Wort Sushi ist unübersetzbar. Die «Übersetzung» ist vielmehr eine Beschreibung des Gerichtes: mit rohem Fisch, Ei oder Meeresfrüchten belegtes Reisklößchen. Im Japanischen wird das Wort mit dem Schriftzeichen *sushi* geschrieben, in dem das Element Fisch enthalten ist.
Das Wort Sushi ist in der zweiten Hälfte des 20. Jahrhunderts in viele Sprachen eingegangen. *DF, DGF, DUW, Br, Ki, Sch*

Suzuribako
Kasten für Schreibutensilien, aus *suzuri*, Tuschereibstein, und *hako*, Kasten
Der Schreibkasten, Suzuribako, enthält den Tuschereibstein, den Tuschestein, Wassertropfer, Pinsel und Papiermesser. Der Kasten ist rechteckig mit einem Deckel. Er ist meist aus Holz mit einem Überzug aus Lack gefertigt.
Kimura und Schinzinger enthalten nur das Stichwirt *suzuri*, Tuschereibstein. *Br 1934, Br, (Ki), (Sch)*

畳

Tabi die (Plur.)
japanische Socke, aus *ashi*, Fuß, und *fukuro*, Beutel, Sack
Sowohl bei Schinzinger als auch im Duden ist nur der Plural angegeben, bei Kimura dagegen ist Tabi auch im Singular verzeichnet: die japanische Socke. Der Duden erklärt Tabi als: japanische Stoffsocken mit abgeteilter großer Zehe.
Schinzinger erklärt Tabi als: altjapanische Schnallensocken. *DGF, Br, Ki, Sch*

Tachi-Waza der; -, -
Wurf aus dem Stand, aus *tachi*, Stand, und *waza*, Kunstgriff
Beim Judo gibt es für viele Griffe besondere Bezeichnungen, die aber eher in ein Fachwörterbuch des Sports gehören. *GFL*

Taihoryo
altjapanisches Gesetzbuch, aus *tai*, groß, *hô*, Gesetz, und *ryo*, Menge
Das Taihoryo, eine Sammlung von Gesetzen zum Staats- und Zivilrecht, wurde im Zuge der Taikareform im 7. Jahrhundert eingeführt und war formal bis 1868 gültig. *Br 1934, Br*

Taikareform
Mitte des 7. Jahrhunderts wurde der japanische Staat von dem Regenten Shotoku Taishi von einer Regierung durch einige starke Familien zu einem zentral geführten Beamtenstaat nach chinesischem Muster umgebildet. Diese Umgestaltung wird Taikareform genannt. *Br*

Taiko die, auch Daiko
Trommel, aus *tai*, dick, und *ko*, schlagen

Große Trommeln werden vor allem bei den traditionellen Volksfesten gebraucht. Es gibt ganze Trommelorchester, die in grandiosen Vorführungen ihre Kunst zeigen. Diese Kunst ist zwar ursprünglich aus den traditionellen Volkskünsten hervorgegangen, aber sie wird heute auch als moderne, selbständige Kunstform betrieben. Auch in Deutschland haben sich nach japanischem Muster Trommlergruppen gebildet. *Ki, Sch*

Taikwa

alte Schreibung für Taika *Br 1934*

Taira

Name einer der großen historisch bedeutsamen Samuraifamilien. Siehe auch Heike. *Br 1934, Br*

Taisho

Name einer Ära; aus *tai*, groß, und *sho*, gerecht

Taisho, große Gerechtigkeit, war das Motto von Kaiser Yoshihito. Er regierte von 1912 bis 1925. *Br*

Takamakie die; -,

Relieflack, aus *takai*, erhöht, erhaben, und *makie*, Lackmalerei

Bei der Takamakie wird der Lack reliefartig aufgetragen. Auf mehreren Schichten aus Kohlepulver wird eine metallische Schicht aufgebracht. *FL, Br 1934, Br*

Takarazuka

Revuetheater, das nur mit weiblichen Darstellern arbeitet. Die Mädchen, die hier aufgenommen werden, leben abgeschlossen in enger Gemeinschaft. Sie führen für die Show adaptierte Versionen von klassischen sowie auch von modernen Stücken auf. *Br*

Tamagotchi das; -s, -s, auch der; -s, -s

Das Wort Tamagotchi ist nach Aussage des Herstellers Bandai eine Kombination aus dem japanischen Wort *tamago*, Ei, und

dem Fremdwort watch, Uhr. Die Endsilbe *chi* ist eine Art Verkleinerung oder Verniedlichung, ähnlich dem deutschen –chen oder –lein.
Bei der Bedeutungserklärung tut sich nicht nur der Duden schwer. Folgende langatmige Beschreibung steht da auf der deutschen Seite: 1. kleines, eiförmiges elektronisches Gerät, auf dessen Display eine kleine Fantasiegestalt erscheint, die auf bestimmte akustische Signale hin wie ein Lebewesen versorgt werden kann. Als zweite Bedeutung ist angegeben: kleine Fantasiegestalt auf dem Display eines Tamagotchis.
Das Tamagotchi ist ein typisches Beispiel dafür, dass ein Gegenstand aus Japan nach Deutschland kommt, und mit ihm zusammen das Wort, mit dem der Gegenstand benannt werden kann. Da das Tamagotchi erst in den neunziger Jahren seinen Siegeszug in die westlichen Länder antrat, kam das Wort auch erst im Jahr 2000 in unsere Wörterbücher. Weder Kimura (1961) noch Schinzinger (1980) enthalten das Wort. *DGF, DUW, Br*

Tamonten siehe Bishamon *Br 1934, Br*

Tan
Flächenmaß, siehe Tschu *Br 1934*

Tang siehe Tschu

Tanka das; -, -
eine traditionelle Gedichtform, aus *tan*, kurz, und *ka*, Gedicht, Lied
Die japanische Dichtung baut nicht wie die westliche Poesie auf Reim und Rhythmus auf, sondern die Zahl der Silben in einer Zeile ist das Versmaß. Die Zeilen haben meist eine ungerade Anzahl von Silben. Das Haiku, das bekannteste japanische Kurzgedicht, hat nur 17 Silben: fünf, sieben, fünf. Die Silben sollen nicht nur einen Inhalt verständlich vermitteln, sondern auch noch durch eine überraschende Wendung am Schluss dem ganzen Ge-

dicht eine besondere Note geben. Das Tanka ist mit seinen 31 Silben nicht ganz so knapp gehalten. *DF, DGF, Br 1934, Br, Ki, Sch*

Tatami die; -, -[s]
Binsenmatte, aus *tatamu*, falten
Tatami sind die Matten, mit denen in der traditionellen Architektur die Wohnräume ausgelegt waren. Sie sind ungefähr 5 cm dick und bestehen aus gepresstem Stroh, das mit einer aus Binsen gewebten dünnen Schicht überzogen wird. Die Ränder werden mit einem festen, farblich abgesetzten Stoffstreifen eingefasst.
Tatami geben leicht nach, wenn man darauf tritt. Tatami-Räume dürfen nur ohne Schuhe betreten werden. Abends wird auf den Tatami der Futon ausgebreitet. Neue Tatami duften sehr angenehm.
Das Maß einer Tatami ist ursprünglich danach festgelegt worden, wie viel Platz ein Mensch zum Liegen braucht. Die Größe unterscheidet sich etwas zwischen Tokyo und Osaka, sie beträgt ungefähr 2 Quadratmeter. Die Größe eines Raumes wurde im traditionellen Japan in Tatami berechnet: der kleinste Wohnraum hatte viereinhalb Tatami, ein mittlerer Wohnraum sechs Tatami. Dazu kamen aber noch Wandschränke, die bei der Größenangabe nicht mitgerechnet wurden.
Heute haben die meisten japanischen Wohnungen nur noch einen Tatami-Raum. Im übrigen wird Teppichboden verlegt. Darauf kann man den Futon nicht ausbreiten, aber die meisten Japaner schlafen heute ohnehin in Betten. Tatami sind – vor allem in den Städten – kaum noch bezahlbar. Es gibt auch nur noch wenige Handwerker, die Tatami herstellen können.
Wer gerne einmal auf Tatami schlafen möchte, sollte in einem Ryokan oder Minshuku übernachten. Die meisten dieser japanischen Gasthäuser pflegen die traditionelle Lebensweise. *DF, DGF, DUW, Ki, Sch*

Teehaus
Es handelt sich hier nicht um ein Fremdwort oder Lehnwort, sondern um eine Lehnübersetzung aus Chaya, Teehaus. Wir nehmen das Wort in unsere Liste auf, weil es ausschließlich im Zusammenhang mit Ostasien bzw. Japan gebraucht wird. Der Inhalt des Wortes ist demnach rein japanisch. Ähnlich ist es mit dem Wort Essstäbchen. Nach dem Brockhaus 1934 ist ein Teehaus eine zu kurzer Rast bestimmte Gaststätte mit offener Front, oft nur ein Wetterdach, wo Tee und Erfrischungen verabreicht werden. Teehäuser spielen im Zusammenhang mit historischen Schilderungen des Lebens von Geishas eine zentrale Rolle. *Br 1934, Br*

Temmoku das; -
Keramik-Teeschale, aus *ten*, Himmel, und *moku*, aussehen
Temmoku ist die japanische Bezeichnung für chinesische Töpfereien aus der Sung-Zeit. Vor allem Teeschalen wurden in dieser Technik auch in Japan gefertigt. Die Keramik ist mit einer Glasur über den Farben blau, schwarz oder dunkelbraun versehen. Bei Schinzinger erscheint das Wort in der Schreibweise *tenmoku*. *DF, DGF, Br 1934, Br, Sch*

Tempura
Name eines sehr bekannten und beliebten Gerichtes
Die Schreibweise von *tenpura* oder *tempura* ist möglicherweise auf ein von den portugiesischen Missionaren im 16. Jahrhundert eingeführtes Wort Tempora, Fastenspeise, unterlegt worden. In vielen Texten wird das Gericht als typisch japanische Speise beschrieben.
Tempura besteht aus Krustentieren und verschiedenen Gemüsen, die in einer dünnen Teighülle in heißem Öl ausgebacken werden. Bei Schinzinger erscheint das Wort in der Schreibweise *tenpura*. *Ki, Sch*

Tendai-Sekte

Die Lehre der Tendai-Sekte wurde um 800 von China nach Japan gebracht, wo sie mit Elementen der Shingon-Mystik und des Zen-Buddhismus verbunden wurde. Das Zentrum der Sekte wird von einem Tempelkomplex auf dem Berg Hiei bei Kyoto gebildet. *Br 1934, Br, Sch*

Tengu

rotgesichtiger, langnasiger Waldkobold, aus *ten*, Himmel, und *ku*, Hund

Ein Tengu ist eine Phantasiegestalt, die in der klassischen japanischen Literatur und in der Bildenden Kunst häufig vorkommt. Es handelt sich um eine Art Waldschrat mit rotem Gesicht und überlanger Nase. Dem Tengu werden übernatürliche Kräfte und besondere Kampfkunst nachgesagt. Im No-Theater werden zur Verkörperung des Tengu rote Masken mit langer Nase getragen. Minamoto no Yoshitsune, der populäre Heerführer im 12. Jahrhundert, soll seine besondere Geschicklichkeit im Kampf gegen die Heike von Tengus erlernt haben. *Br, Ki, Sch*

Tennin

Himmelswesen, Engel, aus *ten*, Himmel, und *jin* oder *nin*, Mensch

Engel oder menschenähnliche himmlische Wesen gibt es in vielen Religionen. Im japanischen Buddhismus werden Engel meist als Mädchen in unterschiedlichen Gestalten dargestellt. *Br 1934, Br, Ki, Sch*

Tenno der; -s, -s

Titel des Kaisers, aus *ten*, Himmel, und *ô*, Kaiser, Herrscher

Die Person des Kaisers ist so erhaben, dass er nicht mit Namen angesprochen wird, sondern mit Ehrenbezeichnungen wie Tenno oder Mikado. Im Gegensatz zu Mikado, das heute kaum noch gebraucht wird, ist Tenno bis heute in Japan die gängige Bezeichnung für den Kaiser. Während in China im Lauf der Geschichte

Dynastien gestürzt wurden und so die Linie des Herrscherhauses immer wieder unterbrochen war, kann das japanische Kaiserhaus auf eine ungebrochene Linie der kaiserlichen Familie zurückschauen. *DF, DGF, DUW, GFL, Br 1934, Br, Ki, Sch*

Tenri-kyo

Glaubensgemeinschaft, aus *ten*, Himmel, *ri*, Vernunft, und *kyô*, Religion

Tenrikyo beruht im Gegensatz zu den meisten anderen japanischen Sekten vorwiegend auf den Grundlagen des Shinto. Die Gründerin der Tenrikyo-Sekte war Miki Nakayama, eine einfache Frau, die im Jahr 1838 die Rückbesinnung auf die Götter forderte, vor allem auf Isanagi und Izanami, das Urgötterpaar. *Br 1934, Br, Ki, Sch*

Tenshô Kôdaijin

Andere Bezeichnung für Amaterasu. *Br 1934, Br, Ki*

Teppanyaki

Auf der Herdplatte Gebratenes, aus *teppan*, Eisenplatte, und *yaki*, Gebratenes

Dieses beliebte Gericht wird in vielen Restaurants in Deutschland angeboten, jedoch enthalten die deutschen Wörterbücher das Wort nicht. Die japanischen Wörterbücher enthalten das Wort *teppan*, Eisenplatte, nur Schinzinger gibt hier als Ableitung *teppanyaki*, Eisenplattengrill, an. *(Ki), Sch*

Tera auch O-tera

aus *tera*, (buddhistischer) Tempel

In Japan wird bei Sakralbauten zwischen *o-tera*,Tempel des Buddhismus, und *jinja* oder *miya*, shintoistischer Schrein, unterschieden. Es ist nicht immer ganz einfach, die Unterschiede zu erkennen. In historischer Zeit wurde nicht eindeutig zwischen den beiden so unterschiedlichen Religionen unterschieden, siehe Ryobushinto.

Der Brockhaus gibt an, das Wort sei aus dem Koreanischen abgeleitet. *Br 1934, Br, Ki, Sch*

Todaiji
Name eines buddhistischen Tempels, aus *tô*, Osten, *dai*, groß, und *ji*, Tempel
Der Todaiji in Nara, gegründet 728, ist das größte aus Holz errichtete Bauwerk der Welt und beherbergt den Großen Buddha von Nara. *Br 1934, Br*

Tofu der; -[s]
Quarkähnliche Speise aus Sojabohnen, aus *tô*, Bohne, und *fu*, verrotten
Tofu ist eine weiße Masse aus Sojabohnen mit wenig Eigengeschmack, die in vielen Speisen verwendet werden kann. Ursprünglich kommt Tofu aus China, wo es unter dem Wort doufu bekannt ist. Die Sojabohnen werden gemahlen, und dem herausgepressten Saft wird die Flüssigkeit entzogen. *DF, DGF, DUW, GFL, FL, Br 1934, Br, Ki, Sch*

Tohoku
Nordosten, aus *tô*, Osten, und *hoku*, Norden
Als Tohoku wird die Gegend nördlich von Tokyo bezeichnet. *Br, Ki, Sch*

Tokaido
die Tokaido, aus *tô*, Osten, *kai*, Meer, und *dô*, Weg, Straße
Die Tokaido ist der Verbindungsweg zwischen der Kansai-Gegend mit Kyoto und Osaka, und der Kanto-Ebene, der Gegend von Tokyo. Sie führt über weite Strecken an der Ostküste Japans entlang. In der Feudalzeit stellte diese Strecke die wichtigste und am meisten begangene Straße Japans dar. Im Jahr 1871 wurde auf dieser Straße der Postdienst nach westlichem Muster aufgenommen, und 1898 war die erste Bahnstrecke Japans entlang der Tokaido fertiggestellt.

Hokusai (1760–1849), einer der bekanntesten Holzschnittkünstler, hat eine Serie von Holzschnitten geschaffen, die Szenen und Landschaften auf dieser Straße zum Thema hat. *Br, Ki, Sch*

Tokio siehe Tokyo
Zunächst wurde der Name der japanischen Hauptstadt im Deutschen mit i geschrieben. Erst mit zunehmender Erweiterung der Sprachkenntnisse deutscher Muttersprachler wird heute mehrheitlich die internationale Schreibweise bevorzugt.
Das Universalwörterbuch des Duden von 2001 schreibt Tokio bis heute mit i. Es ist zwar auch die Schreibung Tokyo angegeben, die Erklärungen sind aber bei der eingedeutschten Form zu finden. Im Brockhaus wird bereits 1934 die internationale Schreibweise bevorzugt. *DUW, Br 1934, Br*

Tokioer der
Die Ableitungen vom Namen der japanischen Hauptstadt sind im Universalwörterbuch des Duden auf der Grundlage der eingedeutschten Form gebildet. Als Bedeutungsangabe ist nur die Abkürzung Ew. für Einwohner verzeichnet. *DUW*

Tokioer (Adj)
Das Universalwörterbuch des Duden enthält nach eigenen Angaben 140 000 Wörter. Nicht nur bei Tokyo, sondern bei allen angegebenen Städtenamen sind die Ableitungen sowie deren weibliche Formen mit aufgeführt, beispielsweise Bagdad, Bagdader, Bagdaderin. Da die Ableitungen alle den Wortbildungsmustern der deutschen Sprache folgen, wäre es nicht notwendig, jede dieser Formen einzeln aufzuführen. *DUW*

Tokioerin die
Die politisch korrekte Angabe der weiblichen Formen bei allen Berufsbezeichnungen, Volksgruppen etc, so auch die Form Tokioerin, bläht das Universalwörterbuch unnötig auf. *DUW*

Tokioter der
Die Form ist im Universalwörterbuch zwar auch angegeben, wird aber nicht kommentiert. Als Bedeutungsangabe steht wieder nur: Ew. *DUW*

Tokioter (Adj) siehe Tokioer *DUW, Br*

Tokioterin die; siehe Tokioerin *DUW*

Tokonoma das, -s, oder der, -s oder die, -
Schmucknische, aus *toko*, Bett, *no*, Genitivpartikel, und *ma*, Raum, Zimmer
Die Wörterbücher sind sich nicht einig darüber, welches Geschlecht das Wort Tokonoma im Deutschen bekommt. Der Duden und Schinzinger ordnen es als sächlich, Kimura als Maskulin ein. Im Brockhaus wird es mit dem weiblichen Artikel gebraucht. Auch die Schreibweise ist nicht einheitlich. Schinzinger und der Duden schreiben es in einem Wort, während Kimura es toko-no-ma schreibt.
Auch inhaltlich weichen die verschiedenen Erklärungen voneinander ab. Der Duden erklärt: Im Hauptraum des japanischen Hauses eingebaute Nische zum Ausstellen von Kunstgegenständen. Kimura erklärt: die Nische mit erhöhtem Fußboden; die Ziernische an der Zimmerwand.
Der Inhalt von Tokonoma läßt sich nur erklären aus dem Zusammenhang der japanischen Architektur. Das traditionelle Wohnhaus in Japan hat nur wenige feste Wände. Die einzelnen Räume werden durch Schiebewände voneinander abgegrenzt. Der Boden des Hauses ist mit Tatami belegt. In einer der festen Wände ist eine Nische unterschiedlicher Breite, ungefähr einen halben Meter tief, eingelassen. Der Fußboden ist hier etwas erhöht. Der Pfeiler, der die Nische seitlich abschliesst, ist meist aus einem besonders schön geformten Holzstamm gefertigt. Diese Nische gilt als ästhetischer Mittelpunkt des Hauses. Hier werden Blumenarrangements aufgestellt, hier werden je nach Jahreszeit

Rollbilder aufgehängt. Zu den Festen im Jahreslauf können hier auch andere Kunstgegenstände ausgestellt werden, beispielsweise zum Knabenfest am 5. Mai ein Helm oder ein Schwert.
Der Platz gegenüber der Tokonoma ist ein Ehrenplatz, der dem Hausherrn oder dem ranghöchsten Gast zukommt.
Die Schreibung mit dem Schriftzeichen *toko*, Bett oder Boden, läßt sich heute nicht mehr zurückverfolgen. Möglicherweise wurde in alter Zeit das Bettzeug auf dem erhöhten Fußboden der Tokonoma ausgebreitet. *DGF, Br 1934, Br, Ki, Sch*

Tokugawa
Eigenname einer Dynastie von Shogunen
Der erste Militärherrscher dieser Familie, Tokugawa Ieyasu, begründete die Tokugawa-Dynastie, indem er sich 1603 vom Kaiser zum Schogun ernennen ließ, nachdem er zwei Rivalen, Toyotomi Hideyoshi und Oda Nobunaga, besiegt hatte. Nach der Familie Tokugawa ist die Ära genannt. *Br 1934, Br*

Tokugawa-jidai auch Tokugawa-Zeitalter
Zeitalter von 1603 bis 1868. Der letzte Shogun, Tokugawa Keiki, dankte ab, nachdem er die Herrschaft dem Meiji-Kaiser übergeben hatte.
Die Tokugawa-jidai umfasst im wesentlichen die Zeit der Abschließung Japans gegen das Ausland (mit Ausnahme von China und den Niederlanden). *Br 1934, Br*

Tokyo
Der Name der japanischen Hauptstadt, aus *tô*, Osten, und *kyo*, Hauptstadt, entspricht dem chinesischen Brauch, die Hauptstädte des Reiches nach der Himmelsrichtung ihrer geographischen Lage zu benennen.
Die japanische Hauptstadt trägt diesen Namen erst seit der Meiji-Zeit. Davor war der kleine Ort Edo (früher Yedo) unbedeutend, lag aber in einer der wenigen flachen Gegenden von Japan, so dass

er sich in kurzer Zeit um ein Vielfaches ausdehnen konnte. Der Name Tokyo, aus *tô*, Osten, und *kyo*, Hauptstadt, wurde im 19. Jahrhundert in Anlehnung an die chinesische Benennung seiner Hauptstädte Beijing, nördliche Hauptstadt, und Nanjing, südliche Hauptstadt, gebildet.
Das Universalwörterbuch verweist unter dem Stichwort auf die eingedeutschte Schreibung Tokio. *DUW, Br 1934, Br*

Tomasu, auch To
japanisches Hohlmaß. Siehe Sho. Das Wort ist veraltet. Japan mißt heute mit dem metrischen System nach Litern und Millilitern. *Br 1934*

Tori der; -, -
Judoka, aus *toru*, nehmen, greifen
Das große Fremdwörterbuch des Duden erklärt Tori als Judoka, der augenblicklich seinen Gegner beherrscht. Es handelt sich hierbei um ein Fachwort des Sports. *DGF, GFL*

Torii das; -[s], -[s]
Schreintor, aus *tori*, Vogel, und *iru*, sein, da sein, wohnen
Das Wort ist vermutlich schon in einer Zeit in Japan gebraucht worden, bevor die chinesische Schrift in Japan eingeführt wurde. Die Schreibweise mit den Schriftzeichen Vogel und sein ist vermutlich eine spätere Beifügung.
Vor den meisten Shinto-Schreinen steht ein Torii. Es markiert die Grenze zwischen dem profanen und dem heiligen Bezirk. Torii können sehr unterschiedliche Formen haben. Allen gemeinsam ist, dass zwei senkrechte Pfeiler durch einen oder zwei horizontal darüber liegende Balken zu einem Tor gefügt sind. Die horizontalen Balken stehen meist seitlich über und sind nach oben geschwungen.
Torii können aus verschiedenen Materialien gefertigt sein. Die meisten bestehen aus behauenen Holzbalken, andere sind aus Stein oder auch aus Beton. Oft sind die Torii in der typischen zin-

noberroten Farbe gestrichen, die auch bei vielen Schreinen verwendet wird.
Das bekannteste Torii ist vermutlich das riesige, im Wasser der Bucht von Istukushima stehende rote Torii des Miyajima-Schreins. *DF, DGF, GFL, FL, Br 1934, Br, Ki, Sch*

Torii
Name einer japanischen Künstlerfamilie, die im 17. und 18. Jahrhundert vor allem Schauspielerportraits in Farbenholzschnitttechnik herstellte. Die bekanntesten Mitglieder der Schule sind Kiyonobu, Kiyonaga und Kiyomitsu. *Br 1934*

Tosa-Schule
japanische Malerschule, nach der Provinz Tosa. Die Künstler dieser Schule spezialisierten sich auf Bildrollen, *emaki*, auf denen historische Ereignisse und Geschichten aus der Mythologie dargestellt waren. Die Anfänge der Tosa-Schule, auch Yamato-e genannt, gehen zurück ins 13. Jahrhundert. *Br 1934, Br*

Tschanoju das; -
siehe Chanoyu *DF, DGF*

Tschin
japanischer Zwerghund *Br 1934*

Tschu oder Choo
1. japanisches Längenmaß, ein Tschu = 60 Keng = 6 Shaku = 109,44 m.
2. japanisches Flächenmaß, ein Tschu = 10 Tan = 10 Sei = 30 Tsubo = 36 Quadrat-Shaku = 99,174 a.

Beide Bezeichnungen sind veraltet und werden auch in Japan nicht mehr gebraucht, sondern es wird metrisch gerechnet. Der aktuelle Brockhaus enthält das Stichwort nicht mehr. *Br 1934*

Tschubo siehe Tsubo *Br 1934*

Tsuba das; -[s], -ben
aus *tsuba*, Stichblatt des japanischen Schwertes
Zwischen der Klinge des japanischen Schwertes und dem mit einem textilen Band umwickelten Griff ist eine metallene Scheibe eingelegt, das Stichblatt. Diese Scheiben waren kunstvoll verziert und oft mit dem Wappen des Besitzers versehen. In Deutschland sind diese Stichblätter zu begehrten Sammelobjekten geworden.
DF, DGF, FL, Br 1934, Br, Ki, Sch

Tsubo auch Tschubo
japanisches Flächenmaß, ein Tsubo = 36 Quadrat-Shaku = 3,306 qm. Bei Schinzinger wird zur Erklärung das deutsche Wort Tsubo verwendet. Kimura übersetzt es mit Klafter. *Br 1934, Ki, Sch*

Tsuga die; -, Plur. –s u. –gen
Nikkotanne, aus *tsuga*, abies homolepis, auch Tsuga sieboldii
Viele Gattungen der Tannen sind in Ostasien heimisch, mehrere davon in Japan. Bei uns werden diese Arten von Koniferen unter dem Begriff Hemlockstanne zusammengefasst. *DF, DGF, DUW, FL, Br 1934, Br, Ki, Sch*

Tsukahara der; -[s], -[s]
Pferdsprung mit Radwende und Salto, nach dem Turner M. Tsukahara *DGF*

Tsunami der; -, -s
Flutwelle, aus *tsu*, Hafen, Bucht, und *nami*, Welle, Woge
Durch meteorologische Einflüsse oder Erdbeben hervorgerufene langperiodische Meereswelle
Spätestens seit der verheerenden Flutwelle von 2004 ist dieses Wort japanischer Herkunft in der ganzen Welt bekannt geworden. Zwar gab es auch schon früher Seebeben, die Flutwellen ausgelöst hatten, aber man sprach im Deutschen von Riesenwellen, Flutwellen oder Springflut. In anderen Sprachen gab es ähnliche

Wortverbindungen, z. B. englisch tidal wave. Die Ungeheuerlichkeit der Naturkatastrophe 2004 verlangte nach einer neuen Benennung, die deutlich machen sollte, dass es sich um eine nie dagewesene Dimension des Naturphänomens handelte. Da die Japaner ständig von Erdbeben und Seebeben und den dadurch ausgelösten Flutwellen bedroht sind, hatten sie ein Wort dafür, das dann in die anderen Sprachen übernommen wurde. *DF, DGF, DUW, GFL, Br, Ki, Sch*

Tsusumi siehe Tsuzumi *DGF*

Tsuzumi die, -, -s

Schultertrommel, aus *tsuzumi*, Handtrommel

Tsuzumi ist eine Trommel, die gegen die Schulter gelehnt und mit der Hand angeschlagen wird. Sie ist geformt wie eine Sanduhr, deren beide Enden mit Fell bespannt sind. Sie wird vor allem beim Noh und Gagaku verwendet. *DGF, Br, Ki, Sch*

Tycoon der; -s, -s

Großer Herr, aus *tai*, groß, und *kun*, Herr

Das Wort kam über das amerikanische Englisch ins Deutsche. Die Schreibweise ist dem Englischen angepasst und hat sich weit von der Umschrift der japanischen Silben entfernt. Auch die Bedeutung hat sich auf dem Weg über den englischen Sprachgebrauch gewandelt: im Japanischen war *taikun*, großer Herr, eine Anrede für den mächtigsten Mann im Land, den Shogun, während das englische Wort einen Wirtschaftsboss oder allgemeiner einen mächtigen Mann meint. *DF, DGF, DUW, Br*

浮世絵

Uchi-Mata der; -s, -s
Innenseite des Oberschenkels, aus *uchi*, innen, und *mata*, Schenkel
Es handelt sich um ein Fachwort aus dem Judo. Der Gegner wird dadurch zu Fall gebracht, dass der Kämpfer mit seinem rechten Bein zwischen den Beinen des Gegners durchtritt und gleichzeitig den Gegner über seine linke Hüfte zieht.
In den japanischen Wörterbüchern ist dieses Wort nicht als Fachwort des Sports, sondern als gemeinsprachliches Wort mit der Bedeutung Innenschenkel erklärt. *DF, DGF, Br, Ki, Sch*

Ude-Kansetsu-Waza der; -, -
Armhebel beim Judo, aus *ude*, Arm, *kansetsu*, Gelenk, und *waza*, Kunstgriff
Armhebel oder Armschlüssel ist die Erklärung dieses Kunstgriffs. Wie die meisten Wörter, die die Kunstgriffe beim Judo oder den anderen Kampfsportarten benennen, gehört das Wort eher in ein Fachwörterbuch.
Die japanischen Wörterbücher enthalten wohl die einzelnen Bestandteile, aber sie werden nicht als Kompositum aufgeführt.
Es wird nicht klar, warum alle Bestandteile im Deutschen mit großen Anfangsbuchstaben geschrieben werden. Bei anderen Komposita wird meist nur am Anfang ein Großbuchstabe gesetzt, beispielsweise bei Edo-jidai. *GFL*

Ude-Kwansetsu-Waza siehe Ude-Kansetsu-Waza
Diese Schreibweise ist veraltet. *GFL*

Uji

frühere Bezeichnung für ein Adelsgeschlecht. In der Frühzeit Japans herrschten die Uji in erblicher Linie über vier Stände: Militär, Reichskult (Shinto-Priester), Bauern und Handwerker. Die Taika-Reform (645–649) beseitigte dieses Herrschaftssystem. Danach teilten sich die Uji in Hofadel (Kuge) und Kriegeradel (Buke).
Kimura übersetzt *uji* einfach als Familie, Geschlecht, Schinzinger mit Sippe. *Br 1934, Br, Ki, Sch*

Uke der; -, -

abwehrender Judoka, aus *ukeru*, empfangen, einen Schlag abwehren
Uke ist ein Judoka, der von seinem Gegner momentan beherrscht wird. Auch bei diesem Stichwort geht es um eine spezielle Technik beim Judo. Der Tori wendet eine Taktik an, die vom Uke abgewehrt wird. *DGF, GFL, Br*

Ukemi die, -, -

Falltechnik, aus *ukeru*, nehmen, und *mi*, selbst, der eigene Körper
Das Wort *ukemi* heißt umgangssprachlich Passivität, Verteidigungszustand. Im Budo-Sport bezeichnet es eine spezielle Falltechnik. *GFL*

Ukijoe siehe Ukiyoe *DGF*

Ukiyoe die;

Bild der vergänglichen Welt, aus *uku*, fließen, sich treiben lassen, *yo*, Welt, und *e*, Bild
Ukiyoe ist die Bezeichnung für einen bestimmten Malstil vom 17. bis ins 19. Jahrhundert. Als Themen wurden Motive aus der Welt der Kurtisanen und der städtischen Vergnügungsviertel gewählt. Besonders beliebt waren Portraits berühmter Schauspieler und Kurtisanen. Die Maltechniken umfassten so-

wohl mit dem Pinsel gemalte Tuschebilder als auch Holzschnitte.
Die japanischen Wörterbücher verzeichnen nur das Stichwort *ukiyo*, die vergängliche Welt. *DGF, Br 1934, Br, (Ki), (Sch)*

Urabon
andere Bezeichnung für Bonfest *Br, Ki, Sch*

Uta siehe Tanka
Die japanischen Wörterbücher geben bei *uta* sowohl die Bedeutung Lied, Gesang, als auch Gedicht an. *DF, DGF, Br 1934, Br, Ki, Sch*

ワプロ

Waka
japanische Gedichtform, siehe Tanka
In der japanischen Dichtung gibt es keinen Reim, sondern die poetische Kunst beruht auf der festgelegten Silbenzahl einer Zeile. Diese ist im allgemeinen ungerade. Im klassischen Gedicht wechseln sich fünfsilbige und siebensilbige Zeilen ab. *Br, Ki, Sch*

Wapuro
Kurzwort aus (engl.) word und (engl.) processor, japanisch *wapuro*.
Wapuro ist ein Schreibcomputer, bei dem mit Hiragana, Katakana oder in Romaji (lateinischen Buchstaben) ein Wort eingegeben werden kann, das dann auf Tastendruck in ein Kanji umgewandelt werden kann. Das Wort ist in Japan sehr weit verbreitet, aber in die deutschen Wörterbücher hat es noch keine Aufnahme gefunden. Auch die japanischen Wörterbücher verzeichnen es nicht, nur aktuelle japanische Fremdwörterbücher erklären es.

Waza-Ari der; -, -
Halber Punkt im Judo, aus *waza*, Kunstgriff, und *aru*, sein
Wenn ein Kunstgriff nicht vollendet ausgeführt worden ist, aber dennoch ein halber Punkt vergeben wird, spricht man von Waza-Ari. Es handelt sich um ein Fachwort des Sports. *DGF, GFL*

焼鳥

Yagi-Antenne die; -, -n
Antenne mit Richtwirkung für Ultrakurzwellen und Fernsehempfang (nach dem japanischen Erfinder) *GFL*

Yaki das; -[s] -
Keramik, aus *yaku*, brennen
Yaki ist eine Sammelbezeichnung für Keramik aus Japan, beispielsweise Imari-Porzellan und Arita-Porzellan.
Schinzinger gibt eine allgemeinere Bedeutung an. Hier werden neben Geschirr und Töpferwaren auch gebrannte Ziegel genannt.
DF, DGF, FL, Br 1934, Br, Ki, Sch

Yakitori
Geflügel-Grillspießchen, aus *yaku*, braten, grillen, und *tori*, Vogel
Yakitori ist ein bei Japanern und Ausländern beliebtes Gericht, das in besonderen Restaurants oder bei Volksfesten an eigenen Ständen zubereitet wird. *Br, Ki, Sch*

Yakuza die; -, -
Die Schreibweise von Yakuza ist unklar. Die japanischen Wörterbücher schreiben das Wort phonetisch in Hiragana. DGF erklärt die Schreibweise *ya*, acht, *ku*, neun, und *za* aus *san*, drei, entsprechend dem schlechtesten Blatt beim Glücksspiel. Diese Schreibweise scheint aber später unterlegt worden zu sein. Das Femininum bezieht sich nicht auf die einzelne Person, sondern auf die Gruppe der organisierten Kriminalität. Im Japanischen kann Yakuza sowohl der einzelne als auch die Gruppe sein.

Bei Schinzinger ist Yakuza maskulin und bedeutet Gangster, japanischer Mafioso. Kimura übersetzt *yakuza* mit grob, schlecht, Taugenichts. *DF, DGF, DUW, Br, Ki, Sch*

Yamashita der; -[s], -s
Pferdsprung beim Geräteturnen; nach dem Kunstturner H. Yamashita. *DF, DGF*

Yamato
eine historische Landschaftsbezeichnung, mit den Schriftzeichen *dai*, groß, und *wa*, Japan, geschrieben
Die Schreibweise entspricht nicht der Aussprache. Über die Zusammenhänge zwischen Schriftzeichen und Aussprache ist nichts bekannt.
Yamato war das Kernland Japans, auch das Götterland genannt, von dem aus sich die Bevölkerung in frühgeschichtlicher Zeit über ganz Japan verbreitete, wobei sie sich vor allem gegen die im Norden Japans lebenden Ainus zur Wehr setzen musste.
Yamato umfasst die Gegend um Kyoto und Nara bis zur Kii-Halbinsel. *Br 1935, Br, Ki, Sch*

Yamato-e das; -
Malstil, aus *yamato*, Japan, und *e*, Bild
Yamatoe ist laut DGF der älteste eigenständige Malstil Japans.
DGF schreibt das Wort mit Bindestrich. Bei Schinzinger erscheint das Wort in der Schreibweise Yamato-E, ebenso in den neueren Brockhausausgaben. Kimura verzeichnet das Kompositum nicht.
DGF, Br, Sch

Yedo siehe Edo
Der Brockhaus schreibt als Erklärung: früherer Name von Tokyo. *Br 1935, Br*

Yen der; -[s], -[s]
Währungseinheit, aus *en*, rund, perfekt

In Japan wird die Währungseinheit, die international als Yen bezeichnet wird, *en* genannt. Daher ist in den japanischen Wörterbüchern nur ein Verweis auf *en* zu finden.
Yen-Münzen wurden erstmals zu Beginn der Meiji-Zeit (1868) geprägt. Sie entsprachen damals dem Wert eines Hongkongdollars. *DF, DGF, DUW, GFL, FL, Br 1935, Br*

Yokozuna der
Meisterschaftsringer beim Sumo, aus *yoko*, Seite, und *tsuna*, Seil, Tau
Sumo ist heute in der gesamten westlichen Welt bekannt. Im Fernsehen werden regelmäßig Sumo-Turniere aus Japan übertragen. Das Wort Yokozuna ist deshalb auch vielen Deutschen bekannt, die nicht selbst diesen Sport betreiben. Daher kann man hier nicht von einem reinen Fachwort sprechen. Schinzinger übersetzt *yokozuna* mit dem deutschen Fremdwort Yokozuna, obwohl dieses noch nicht Eingang in die deutschen Wörterbücher gefunden hat. *Ki, Sch*

Yukata der; -, -s
leichter, baumwollener Kimono; aus *yuami*, heißes Bad, und *kinu*, Kleidung
Die Schreibweise entspricht nicht der Aussprache, was darauf schließen lässt, dass das Wort mit seiner Bedeutung schon existierte, bevor die chinesische Schrift in Japan eingeführt wurde.
Der Schreibweise nach ist Yukata ein Badekleid, vielleicht ähnlich unserem Bademantel. In den Badeorten mit heißen Quellen wie Atami oder Beppu sieht man die Gäste im hoteleigenen Yukata durch die Straßen flanieren. Er kann aber im Sommer auch als Straßenkleidung getragen werden. Vor allem bei Volksfesten dient er dazu, durch einheitliche Musterung die Zugehörigkeit zu einer Gruppe oder einem Stadtteil deutlich zu machen.
Obwohl in Japan die westliche Mode die traditionelle Kleidung fast völlig verdrängt hat, sieht man heute vor allem im Sommer wieder mehr junge Mädchen im Yukata. Anders als beim formel-

len Kimono kann der Yukata mit schmalem Gürtelband lässig getragen werden.
Die deutschen Wörterbücher nehmen das Wort nicht zur Kenntnis, obwohl es in der Literatur, aber auch im Handel, häufig gebraucht wird. Die japanischen Wörterbücher übersetzen das Wort mit «japanisches Badekleid, leichter hellfarbiger Kimono» (Kimura) oder Sommerkimono (Schinzinger). Bei Schinzinger erscheint auch zur Übersetzung das deutsche Fremdwort Yukata. *Ki, Sch*

Yuko der; -, -
Vorteil, aus *yû*, sein, und *kô*, Verdienst, Gültigkeit
Yuko ist eine Wertungseinheit beim Judo. Wie die meisten der Wörter aus den Budo-Sportarten gehört auch dieses in ein Fachwörterbuch des Sports. *DGF*

財閥

Zabuton

Sitzkissen, aus *za*, Sitz, und *futon*, Matratze, Bettzeug

Im traditionellen japanischen Haus gibt es nur wenige Möbel, dadurch ist jeder Raum frei für jeden Zweck nutzbar. Im Zimmer gibt es einen niedrigen Tisch und eine Reihe von Sitzkissen, die bei Nichtgebrauch in einer Ecke aufgestapelt werden können. Schinzinger betont bei der Übersetzung, dass es sich um ein japanisches Sitzkissen handelt. *Ki, Sch*

Zaibatsu

Konzern, aus *zai*, Geld, und *batsu*, Clique, Gruppe

Die Wirtschaft Japans hat lange als Vorbild für westliche Industrienationen gegolten. Ihr Erfolg ist großenteils auf ein System aus Zaibatsu, großen Firmenkonglomeraten, zurückzuführen. Schinzinger verwendet zur Erklärung das deutsche Fremdwort Zaibatsu, das in den deutschen Fremdwörterbüchern nicht erscheint. *Br, Ki, Sch*

Zazen

eine Form der Zen-Meditation, aus *za*, Sitz, und *zen*, Zen

Meditation ist die wichtigste Übung im Zenbuddhismus. Viele Zen-Klöster führen Meditationsübungen durch, bei denen die Anhänger gemeinsam in einer Halle in aufrechter Position sitzen und meditieren. Der Zen-Meister beobachtet die Meditierenden und geht durch die Reihen, um solche Gläubigen, deren Gedanken abschweifen oder die einschlafen, mit einem leichten Stockhieb zurückzuholen.

Schinzinger übersetzt *zazen* mit Sitzmeditation. *Br, Ki, Sch*

Zen das; -[s]
Meditation, aus *zen*, Zustand absoluter Ruhe und Abkehr von der Welt
Das Wort Zen stammt ursprünglich aus dem Sanskrit, Dhyama. Es wurde durch den indischen Mönch Bodhidharma nach China gebracht, wo er eine Schule der Meditation begründete. Aus dem chinesischen Chan wurde im Japanischen Zen. *DF, DGF, DUW, GFL, FL, Br*

Zenbuddhismus der; -
Der Zenbuddhismus ist eine besondere Lehre innerhalb des Mahayana-Buddhismus. Er geht von der Vorstellung aus, dass jeder Mensch, auch ein Laie, die Erleuchtung erlangen kann, indem er sich auf richtige Weise in Meditation versenkt. Um das Denken auszuschalten, gibt der Meister dem Schüler eine Meditationsaufgabe, meist in Form eines Paradoxons (siehe Koan).
Der Zenbuddhismus kennt kein Zölibat. Man kann für eine begrenzte Zeit zur Meditation in einen Tempel gehen und dann in das tägliche Leben zurückkehren. Der Zenbuddhismus ist auch für viele Menschen aus westlichen Ländern attraktiv, die sich vom christlichen Glauben nicht mehr angesprochen fühlen. *DGF, DUW, Br*

Zori das
Sandale, aus *zô*, Gras, und *ri*, (Schuhe) anziehen
Zori gehören zur japanischen Kleidung. Während Geta die Holzsandalen sind, bei denen zwei Riemchen zwischen der großen und den kleinen Zehen durchgeführt werden, sind Zori in ähnlicher Form aus anderem Material, beispielsweise aus geflochtenen Binsen oder auch aus Leder oder Stoff gefertigt. Sie haben keinen Absatz, sondern der Fuß rollt über die gesamte Fußsohle ab. Zu den Zori gehören Tabi, die weißen Stoffsocken mit abgeteilter Zehe.
Schinzinger verwendet zur Erklärung das deutsche Wort Zori, das in den deutschen Fremdwörterbüchern nicht verzeichnet ist. *Ki, Sch*

Literatur

Der Brockhaus multimedial, 2004–2006
Der Grosse Brockhaus (verschiedene Auflagen)
Dictionary of Fresh Words from Foreign Languages. Tokyo 1965
Duden: Das Fremdwörterbuch. Mannheim, Leipzig, Wien, Zürich 1984, 1990, 1997, 2001
Duden: Das Große Fremdwörterbuch. Mannheim 2000
Duden: Deutsches Universalwörterbuch. Mannheim 2001
Duden. Orthographisches Wörterbuch der deutschen Sprache. Leipzig und Wien 1903
Duden. Rechtschreibung der deutschen Sprache und der Fremdwörter. Leipzig 1926
Fremdwörterbuch. VEB Bibliographisches Institut Leipzig 1965
Fresh Words from Foreign Languages. Tokyo 1965
Gairaigo Jiten. Tokyo 1991
Großes Fremdwörterbuch. VEB Bibliographisches Institut Leipzig 1985
Heyse, Joh. Christ. Aug.: Fremdwörterbuch. Berlin 1901
Kimura, Kinji: Großes Japanisch-Deutsches Wörterbuch. Tokyo 1961 und spätere Auflagen
Langenscheidts Sportwörterbuch. Berlin, München, Zürich 1977
Langenscheidt: Handwörterbuch Englisch – Deutsch (mehrere Auflagen)
Orbis Verlag: Das grosse illustrierte Lexikon. München o. J.
Riyü Wailaiyü Tsidian. Peking 1984
Sansyusha: Wörterbuch der deutschen und japanischen Sprache. Hrsgg. von Robert Schinzinger. Tokyo 1980 und spätere Auflagen
Webster's New Encyclopedic Dictionary. Cologne 1995